JEAN-PIERRE RENOUARD

Orar 15 dias com
**SÃO VICENTE
DE PAULO**

EDITORA
SANTUÁRIO

COORDENAÇÃO EDITORIAL:
Elizabeth dos Santos Reis

DIAGRAMAÇÃO:
Bruno Olivoto

TRADUÇÃO:
Pe. Clóvis Bovo, C.Ss.R.

CAPA:
Marco Antônio Santos Reis

COPIDESQUE:
Ana Lúcia de Castro Leite

Título original: *Prier 15 jours avec Saint Vincent de Paul*
© Nouvelle Cité, sarl, 37, avenue de la Marne
92120 – Montrouge, França, 2000
ISBN 2-85313-364-8

Dados Internacionais de Catalogação na Publicação (CIP)
(Câmara Brasileira do Livro, SP, Brasil)

Renouard, Jean-Pierre
   Orar 15 dias com São Vicente de Paulo / Jean-Pierre Renouard; tradução de Clóvis Bovo – Aparecida, SP: Editora Santuário, 2004. – (Coleção Orar 15 dias, 10)

   Título original: Prier 15 jours avec Saint Vicent de Paul
   Bibliografia.
   ISBN 85-7200-929-9

   1. Orações 2. Vicente de Paulo, Santo, 1581-1660 3. Vida espiritual I. Título. II. Série.

04-4726   CDD-282.092

Índices para catálogo sistemático:
1. Santos: Igreja católica: Biografia e obra 282.092

2ª impressão

Todos os direitos em língua portuguesa
reservados à **EDITORA SANTUÁRIO** – 2021

Rua Pe. Claro Monteiro, 342 – 12570-000 – Aparecida-SP
Tel.: 12 3104-2000 – Televendas: 0800 0 16 00 04
www.editorasantuario.com.br
vendas@editorasantuario.com.br

*A minha irmã
Maria Cecília, sem a qual as coisas
não teriam podido ser
o que foram...*

*O que Deus diz é vida,
não no sentido figurado mas no sentido próprio:
a palavra de Jesus Cristo não é vida
a não ser porque Ele mesmo é Vida.
Deus fala por meio de todas as vidas...*

(Patrice de la Tour du Pin)

Nossos agradecimentos ao Pe. André Grinneiser e à Ir. Yvonne-Marie Dubory, leitores fraternos destas páginas. E elas também devem muito aos numerosos seminaristas a quem tivemos a alegria de transmitir a espiritualidade vicentina.

SIGLAS UTILIZADAS

"Coste": Refere-se à obra de 14 volumes *Saint Vincent de Paul, correspondance, entretiens, documents*, escrita por Pierre Coste, lazarista, publicada por Lecoffre, Gabalda, 1920-1925. As referências indicam o volume e a página.

"Abelly": Refere-se à primeira biografia de Vicente de Paulo, publicada em um volume, em 1664. As referências indicam o livro e a página.

"Collet": Refere-se à segunda biografia, *La Vie de Saint Vincent de Paul*, Nancy, 1748.

OLHARES FURTIVOS SOBRE UMA VIDA

Após mais de três séculos, São Vicente continua vivo no meio de nós. Não passa um ano sem que apareça uma obra, sem que um artigo venha destacar uma passagem já conhecida de sua vida, lançar luz nova sobre uma vida transbordante de vitalidade e das mais diversas atividades. O segredo dessa florescência está em sua caridade *criativa ao infinito*, como o amor de Deus. João Paulo II disse recentemente: "Os santos não passam... Qual é o nome dessa força que resiste à lei inexorável do 'tudo passa'? O nome dessa força é o amor".

Por que, então, acrescentar mais uma, a esse acúmulo de publicações?

O presente livro quer expor à luz a alma de sua espiritualidade. Esse gigante da caridade é um autêntico místico, um autêntico orante. A contemplação é o motor de sua vida; ela é que explica sua ação e sua compreensão das pessoas.

Vicente nasce em abril de 1581, no seio de uma família cristã, tão perfeita como eram as famílias de sua aldeia natal em Pouy, perto de Dax. É o terceiro filho dos Depaul, meeiros da aldeia. Vivem, na fazendinha de Ranquines, do cultivo do milho miúdo e de legumes, do corte de lenha na propriedade comunal e da criação de um pequeno rebanho; trabalham com bois de arado, tendo cuidado antes de carneiros e porcos (lendários). "Eu cuidava de porcos", gostará de repetir mais tarde. Batizado um dia após o nascimento, Vicente se beneficia de uma formação sólida e do exemplo de retidão total, de amor ao trabalho, e do afeto de seus pais João Depaul e Bertrande Demoras. Um de seus tios é o prior de uma ermida em Poymartet, no caminho de São Tiago, situada a quatro léguas e meia de sua casinha. Graças ao tio, sua instrução cristã é mais apurada e se beneficia do curso de latim. Sua inteligência se desperta. Vendo-o apto para a reflexão e voltado para o religioso, pensa-se naturalmente no sacerdócio e, de comum acordo, enviam-no para o colégio dos "Cordeliers" na cidade de Dax, distante apenas seis quilômetros. Ele se revela um excelente estudante, chegando a ser preceptor dos filhos de Maria de Comet, aparentada com sua mãe. Aos quinze anos, termina o curso secundário e recebe as Ordens Menores na colegiada de Bidache, das mãos do novo bispo de Tarbes, amigo da família Demoras. Graças a seu pai que concorda em vender uma parelha de bois para pagar os estudos superiores, ele os inicia com quinze anos e meio, na Universidade de Tolosa. Esforça-se em continuá-los, abrindo uma pensão familiar em Büzet. Passa talvez alguns meses na Universidade de Saragoça. Seja como for, ele se torna bacharel em Teologia e obtém licença para ensinar. Após as ordenações do subdiaconato e do diaconato, em Tarbes, ele recebe, aos 19 anos, o sacerdócio, das mãos de D. Francisco de Bourdeilles de Périguex, a 23 de setembro de 1600, portanto, há mais de 400 anos! Deixemos aos historiadores o cuidado de dizer por que ele frequenta tanto os bispos. Fica por conta de seu temperamento aventureiro, que também o fará escapar "ao controle rigoroso da história" no período de 1605 a 1608, a respeito de um cativeiro tão hipotético quanto plausível!

Quando o reencontramos em Paris nos alvores de 1608, ele está procurando um alojamento e um teto. Seus compatriotas gascões[1] e suas primeiras relações entre os grandes, alimentadas desde a infância, o ajudam a encontrar o Pe. De Bérulle, um homem muito influente, já de posse de um alto grau de espiritualidade. Um primeiro choque com a capital o apavora. Por um infeliz acaso, é acusado injustamente de roubo. Uma provação dessas o purifica e o faz participar da injustiça que os fracos sofrem frequentemente.

A essa primeira escola se acrescenta logo a provação da Fé. Agora que é um pequeno distribuidor de esmolas no palácio da Rainha Margot, tenta socorrer um amigo teólogo, atormentado por dúvidas contra a fé. Ele o sustenta, o aconselha, o assiste e, como último recurso, se oferece a Deus como vítima em seu lugar. O Senhor toma essa oferta ao pé da letra, e durante muito tempo o jovem sacerdote vive a noite da fé. Sai dessa noite ante a evidência de sua vocação: "Doar toda a vida, por seu amor, a serviço dos pobres".

Doravante ele opta pelos pobres. Como se sente à vontade na sua paróquia de Clichy aonde Bérulle o envia! Aí faz seus cursos de Pastoral, e só deixa seus paroquianos para entrar, em 1613, a serviço dos Gondi, personagens muito importantes de seu tempo. O general é comandante das galeras[2] da França; da Madame, escrupulosa e sensível, Vicente administra as propriedades no campo material e no espiritual. É assim nomeado preceptor dos filhos do casal. Um emprego do qual a Providência se serve para levá-lo à cabeceira de um aldeão em artigo de morte. Esse homem está angustiado por causa de um pecado grave não confessado. Ele se confessa nas últimas, com o Pe. Vicente, e manifesta sua felicidade à Senhora Gondi. Essa situação o faz descobrir o abandono moral dos pobres. No dia seguinte, em Folleville, ele exorta os paroquianos para uma confissão geral. O padre descobre um novo caminho, o imperioso dever da missão. Estamos em janeiro de 1617, ano de todas as descobertas. Seis meses depois, sempre sob a influência de Bérulle, ei-lo a serviço da paróquia de Chatillon-les-Dombes. Seu apelo caloroso leva seus paroquianos para junto de uma família doente. Essa visita faz disparar o processo da Caridade. Agora é possível organizar um belo altruísmo. Eis lançada a primeira "Caridade", um grupo das principais senhoras da paróquia, prontas para uma assistência organizada. Aos 36 anos, Vicente está finalmente de posse de duas chaves de apostolado: restaurar a dignidade humana e a fé do batizado. Voltando para junto dos

Gondi, faz-se missionário e fundador de "caridades". Lança as senhoras de condição, no caminho do serviço. Descobre sua verdadeira vocação e se coloca na escola dos acontecimentos que logo balizam seu itinerário espiritual: fundação da Congregação da Missão em 1625, e das Filhas da Caridade em 1633. Personalidades de valor entram em sua vida: São Francisco de Sales; André Duval, doutor pela Sorbona, seu conselheiro espiritual; Luísa de Marillac, uma jovem viúva, a um tempo cheia de vivacidade e sensibilidade, que vai ser seu braço direito, senão seu apoio em tudo o que se referir à caridade. De instituição para instituição, o carisma vicentino se purifica. O santo se torna fundador. Nada o pode desviar de sua lógica da caridade. Despertar a fé das pessoas exige bons pastores. Afrontando qualquer obstáculo, prepara os padres para as Ordens sacras desde 1632, quando a casa de São Lázaro se torna seu posto de comando; inaugura as "Conferências das Terças Feiras" em 1633, abre os primeiros seminários. Na linha reta da caridade, instala a obra das crianças enjeitadas, socorre a Lorena, depois a Picardia, a Campanha e a Ilha de França em estado de penúria, empreende um movimento em favor da paz até sofrer as iras de Mazarin; é nomeado capelão geral das galés do Rei. Ele se torna o homem de todas as situações! Com a morte de Luís XIII, que ele assiste em sua agonia, ei-lo nomeado para o Conselho de Consciência, instância real encarregada dos negócios eclesiásticos do Reino. Sua influência cresce no plano eclesial, doutrinário e político. Ousa propor e reforçar com todo o seu peso as nomeações episcopais. As "Caridades" do campo passam a chamar-se, em Paris, as "Damas da Caridade"; 10.000 pobres são alimentados em São Lázaro, 15.000 socorridos na capital; as Filhas da Caridade abrem as pequenas escolas e vão até os campos de batalha. Mais audácia ainda ao enviar missionários para a Itália, Irlanda, Polônia, Berbéria e Madagascar. Seu temperamento fogoso o atira para todas as frentes da miséria. De São Lázaro, ele encoraja, apoia, estimula, admoesta e exorta os seus; escreverá mais de 30.000 cartas, mas a posteridade só conserva a décima parte. Duas vezes por semana, encoraja os Missionários e as Irmãs por meio de encontros ou de conferências. Deixa normas espirituais por meio das "Regras Comuns" de sua Congregação. E quando adormece no Senhor, dia 27 de setembro de 1660, deixa uma obra imensa, cuja onda de choque ainda ressoa. No inconsciente coletivo, passa a ser "o pai dos pobres", e todos os seus amigos conhecem a palavra de seu primeiro panegírico pronunciado em Paris, a 23 de novembro de 1660, por D. Henrique de Maupas du Tour, bispo de Puy: "Ele quase mudou a face da Igreja!"

Sua família espiritual é imensa, ainda hoje: 4.000 lazaristas, 25.000 Filhas da Caridade, 260.000 mulheres das Equipes de São Vicente, herdeiras das Damas da Caridade; em sua escola mais de 930.000 membros, entre os descendentes espirituais do beato Frederico Ozanam, as Conferências de São Vicente de Paulo; 200.000 participantes das

Juventudes Marianas. Cerca de 268 instituições religiosas o reclamam para si. Uma constelação de fundações! Uma prova de Amor!

ITINERÁRIO

Que paradoxo! As fontes que nos permitem captar o pensamento de São Vicente de Paulo estão reduzidas a uma porção insignificante. E, contudo, dispomos de catorze volumes de escritos diversos: cartas, palestras, documentos. Pierre Coste, lazarista, reuniu durante 25 anos essa mina de escritos que, no entanto, nos deixa ainda com fome de mais informação. Dispomos de oito volumes de correspondência; que sejam 3.000 cartas, que pena! Dissemos que nosso santo teria escrito 30.000 ... Ora, é na vida e, portanto, nessas cartas, que ele aparece tal como é: ativo, gascão ao extremo, hábil, diplomata, sério, cheio de humor, profundo, espiritual, adaptado como ninguém a seus correspondentes. A isso se ajuntam os quatro volumes de palestras. Esse homem, percebe-se logo, é habitado pelo Espírito Santo. Bem se vê que ele expressa primeiro a vida, sua vida e sobretudo sua própria vida interior. Seu itinerário espiritual se afirma com firmeza para quem se torna seu familiar, lendo-o e meditando-o assiduamente.

Síntese dos temas de "Orar 15 dias com São Vicente"

1º dia: Quem quisesse falar de um Vicente afastado de Deus em sua adolescência e juventude, enganar-se-ia redondamente. Naquele tempo nada se fazia pela metade. Vivia-se a sua fé na escola paterna, e o meio ambiente era portador de Deus. O batismo era levado extremamente a sério, e isso ao longo de toda a sua vida.

2º dia: Já como rapaz esmorece um pouco, tentado por certo carreirismo. Deus o alcança na hora certa, e ei-lo no limiar de duas fortes experiências interiores. Sua fé é revigorada.

3º dia: Então tudo se torna luminoso. Ele reencontra seus pontos de referência. Sabe que sua raiz está em Deus.

4º dia: 1617 é sempre considerado um ano-chave: ao ensejo de uma pregação para levar os camponeses da Picardia ao sacramento da reconciliação, sente-se confortado numa opinião que abala seu sacerdócio: "Pobre povo se condenando por não conhecer as coisas necessárias para a salvação e por falta de confissão!" (I, 115). A Missão é um imperativo. Em meados desse mesmo ano, descobre a extensão da miséria física. Em Chatillons-les-Dombes, lança os fundamentos da caridade. Os pobres não têm futuro a não ser em Deus, com a condição que tenham menos fome. Então sua determinação se revela sem falha. Vive "totalmente entregue a Deus e aos pobres".

5º dia. Ele se torna um apaixonado pelo Evangelho e seu projeto é colocar tudo em ação para a construção do Reino de Deus no coração dos pobres e dos que podem voar em seu socorro.

6º dia. No coração do Pai vive o Cristo. No coração de Vicente irradia também o Cristo. Jesus é o Evangelizador dos pobres que engaja todo o missionário vicentino na rota da evangelização.

7º dia. Jesus também é o Servidor dos pobres, que coloca todos os seus seguidores em atitude de serviço.

8º dia. Há uma dupla conivência entre Vicente e os pobres. Ele chega ao ponto de não poder passar longe deles, e eles são para ele verdadeiros sacramentos do Cristo. São "nossos Senhores e nossos Mestres".

9º Dia. Toda a sua Teologia gravita em torno dessa adequação pobre, Cristo. Seu conceito de Igreja se transformou completamente; ela se torna a Cidade dos pobres e do Espírito.

10º dia. Onde esse homem da inserção tirou sua força? Numa oração assídua e quotidiana. A oração é, para ele, segredo da ação.

11º dia. No Pe. Vicente há um vai-e-vem incessante entre Deus e os pobres, e isto nos leva ao centro de sua doutrina e de sua vida espiritual: ir aos pobres significa às vezes "deixar Deus por causa de Deus".

12º dia. Isso é muito mais que uma simples fórmula; é uma certeza, um ato de fé. O acontecimento é para ele outro lugar de revelação e inspiração.

13º dia. Ainda por acréscimo, ele fica atento, como padre, no seguimento de Cristo Sacerdote, cujo sacerdócio ele prolonga "à maneira dos Apóstolos". Homem dos Sacramentos, e sobretudo pastor, atento em desenvolver a espiritualidade do batizado e do futuro padre, sempre para o bem dos pobres.

14º dia. Suprema elegância, esse homem não conhece beco sem saída. Muda de caráter. Torna-se melhor e se engaja numa escalada para a santidade. Ele prioriza, em sua conduta, cinco virtudes básicas para seus missionários e três para suas Filhas da Caridade.

15º dia. Não se pratica essas virtudes somente como finalidade apostólica, mas como apoio da "vida comum". Também para isso a comunidade é necessária. Estamos *juntos para a Missão*.

Vicente, homem de ação, apresenta-se mais penetrado de Deus e mais preocupado em ser do que parecer. É um homem ardente de caridade, cheio do amor divino. Sua vida é um braseiro secreto; nós o escutamos advertindo-nos até durante o sono: "É preciso ter vida interior, é preciso tender para ela; se falharmos nisso, vamos falhar em tudo" (XII, 131). Sua vida é um fogo que arde ainda hoje no desejo de se comunicar com o mundo.

Primeiro dia

UM BATISMO LEVADO A SÉRIO

Para tender à perfeição é preciso revestir-se do espírito de Cristo... É preciso se encher e estar animado desse espírito de Jesus Cristo. Para entender bem isso, é preciso saber que seu espírito foi derramado em todos os cristãos que vivem conforme as normas do Cristianismo; suas ações e suas obras estão permeadas pelo espírito de Deus...
Mas, quem é esse espírito assim difundido? Quando se diz: "O Espírito de nosso Senhor está em tal pessoa ou em tais ações", como se entende isso? Será o mesmo Espírito Santo que se derramou neles? Sim, o Espírito Santo, quanto a sua pessoa, se derrama sobre os justos e mora pessoalmente neles. Quando se diz que o Espírito Santo opera em alguém, entende-se que esse Espírito, habitando nessa pessoa, dá--lhe as mesmas inclinações e disposições que Jesus Cristo tinha nesta terra, e fazem-no agir da mesma forma – não digo com a mesma perfeição – mas conforme a medida dos dons de seu divino Espírito (XII, 107-108).

Quando Vicente reflete sobre seu batismo, descobre que o Espírito Santo legou para ele o mesmo espírito de Jesus, isto é, sua mentalidade... Fica fascinado por Aquele que o faz viver do mesmo espírito de seu Salvador: "O que é esse espírito de nosso Senhor? É um espírito da mais perfeita caridade, cheio de um amor maravilhoso pela divindade e de um desejo infinito de honrá-la dignamente; é um conhecimento das grandezas de seu Pai para admirá-las e exaltá-las incessantemente... (XII, 108).

Voltando-se para o Deus Trindade que nele habita depois do Batismo, reza com fervor:

Ó meu Salvador Jesus Cristo, que vos santificastes para que os homens também se santificassem, que fugistes dos reinos da terra, suas riquezas e sua glória, e não tivestes outro empenho a não ser o Reino de vosso Pai nas almas – "Eu não procuro a minha glória... mas glorifico meu Pai" (Jo 8,54) – "se vivestes como Ele, como se fosse um outro vós-mesmo, sendo Deus com relação ao vosso Pai, o que deveríamos fazer para vos imitar; vós que nos tirastes do pó e nos convocastes para observar vossos conselhos e aspirar à perfeição. Ah! Senhor, atraí-nos para vós, dai-nos a graça de seguir vosso exemplo... que nos leve a procurar o reino de Deus e sua justiça, e a nos abandonar a ele em troca do resto; fazei que vosso Pai reine em nós, e reinai vós mesmo em nós, fazendo-nos reinar em vós pela fé, pela esperança e pelo amor, pela humildade, pela obediência e pela união com vossa divina Majestade" (XII, 147-148).

Pela causa de Deus, a perfeição é sua preocupação maior por ele e pelos seus: "Maravilhoso decreto do Filho de Deus! 'Sede perfeitos, disse ele, como vosso Pai celeste é perfeito' (Mt 5,48). Isso puxa para o alto, quem poderá chegar lá? Ser perfeito como o Pai eterno! Entretanto, essa é a medida... Ó Salvador! Ó meus irmãos! Quão felizes somos por nos encontrarmos no caminho da perfeição! Ó Salvador, dai-nos a graça de caminhar direito e de caminhar sem afrouxar" (XII, 76-77).

Nosso santo se lembra de ter sido marcado com o sinal da cruz, e o traça sobre si com uma devoção apurada: "Se me perguntardes – ensina às primeiras Filhas da Caridade – em que está baseada a prática frequente do sinal da cruz, eu vos direi, minhas queridas irmãs, que está de acordo com o que faziam os primeiros cristãos... Eles serviam-se do sinal da cruz para oferecer a Deus todas as suas ações, segundo o conselho do Apóstolo São Paulo que diz: 'Quer comais, quer bebais, fazei tudo em nome do Senhor Jesus'" (X, 629-630). Ele resgata por instinto a sabedoria popular cristã que sabe dar ao gesto um valor sagrado. Persignando-se, ele vive de Deus, fortifica sua fé e todo o seu ser.

Aos pobres do Hospital do Santo Nome de Jesus ele ensina este B.A, BA da vida cristã, como se estivesse dando uma bússola: "Pe. Vicente começou a interrogar este bom povo, um depois do outro, no tocante ao sinal da cruz, e a mostrar-lhes como se deve fazer, fazendo ele mesmo diversas vezes para ensinar tanto pelo exemplo como pela palavra" (XIII, 159).

O Batismo supõe um movimento duplo de aniquilamento e enriquecimento. É preciso viver e morrer em Cristo: "É preciso... que vos esvazieis de vós mesmos para vos revestirdes de Jesus Cristo" (XI, 343).

Eis todo o simbolismo do Batismo, cujos efeitos espirituais são princípios de vida: a morte ao pecado e a liberdade de uma vida nova.

Essa liberdade conduz ao renascimento, e é dom de Deus. O batismo é um chamado de Deus, uma vocação, e inclui todo outro apelo. O santo explica isso de modo muito concreto às primeiras Filhas da Caridade:

> "A vocação é um chamado de Deus para se fazer algo bom. A vocação dos Apóstolos era um apelo de Deus para implantar a Fé por toda a terra; a vocação do religioso é um apelo de Deus para praticar o regulamento da vida religiosa; a vocação dos casados é um chamado de Deus para o servir na direção de uma família e na educação dos filhos; a vocação de uma Filha da Caridade é um chamado de Deus, uma escolha que sua bondade fez dela,

de preferência a tantas outras que se apresentaram a ele, para o servir em todos os encargos próprios desse gênero de vida, aos quais ele permitir que elas sejam aplicadas. Assim, minhas filhas, vós que estais com as crianças, vós que estais com os condenados a trabalhos forçados, na casa, nos hospitais, nas aldeias, nas paróquias, Deus olhou para vós entre mil milhões e disse, escolhendo-vos uma de um lugar e outra de outro: "Eu quero que esta alma se santifique servindo-me em tal tarefa" (IX, 353-354).

Quem diz apelo, diz consagração em favor da obra à qual Deus nos destina. Vicente exorta frequentemente os seus nesse sentido e nos convida com eles a viver em estado de oferenda: "Felizes aqueles que se entregam a Deus sem reserva para fazer as obras que Jesus Cristo fez, e para praticar as virtudes que ele praticou..." (V, 584).

Quando o peregrino da aldeia de São Vicente de Paulo, nas Landas, entra na igreja paroquial, descobre maravilhado a fonte batismal do Batismo do santo da caridade, e pode exclamar para seu grupo:

"Oh! Que felicidade agradar sempre a Deus, e fazer por amor dele tudo o que foi feito, e para comprazê-lo! Doemo-nos nós também a Deus... para fazer doravante todas as nossas ações por seu amor e para agradá-lo; e, dessa maneira, acontecerá que toda a ação, por menor que seja, será de grande merecimento ante sua divina Majestade" (XI, 180).

Segundo dia

UMA FÉ RENOVADA

Conheci um célebre doutor que, durante longo tempo, defendeu a Fé católica... na qualidade de teólogo em sua diocese. Tendo-o chamado a rainha Margarida para o palácio por causa de sua ciência e piedade, viu-se obrigado a deixar seus compromissos; e como ele não pregava mais e nem catequizava, viu-se assaltado, no sossego em que estava, por uma forte tentação contra a Fé... O que aconteceu depois disso? Deus se compadeceu enfim desse pobre doutor, o qual, tendo caído enfermo, de repente ficou livre de todas as tentações. O véu da obscuridade foi tirado de um golpe dos olhos de seu espírito; e ele começou a ver todas as verdade da Fé, mas com tanta clareza, que lhe parecia senti-las e tocá-las com as mãos. Morreu, afinal, rendendo a Deus amorosas ações de graças por lhe ter permitido que caísse nessas tentações, por o reerguer com tanta vantagem, e lhe dar sentimentos tão grandes e tão admiráveis dos mistérios de nossa religião (XI, 32-34).

A família do Pe. Vicente sabe: essa narrativa refere-se a ele diretamente pois a recolhemos de seu primeiro biógrafo, Mons. Abelly (1664); quem acorreu em socorro do teólogo foi nosso santo, embora a narrativa tenha sido atribuída a uma terceira pessoa. Vicente se ocupa desse homem e se oferece como vítima em seu lugar. Mas encontra-se, por sua vez, na incerteza e na angústia. Atravessa uma verdadeira noite da Fé durante seis meses ou quatro anos. Escreve o Credo num papel e o coloca junto a seu coração; em seus momentos de abandono espiritual vem-lhe à mente colocar a mão nesse lugar. Agora fica conhecendo o preço da Fé. Com o correr do tempo uma ideia lhe vem ao espírito: ir servir os pobres. Vai, como que impelido, até o Hospital dos Irmãos da Caridade, aqueles de São João de Deus. Então "viu-se advertido um dia de tomar uma resolução firme e inviolável – para mais honrar a Jesus Cristo e imitá-lo mais perfeitamente do que fez até então – doar toda a sua vida por seu amor a serviço dos pobres" (Abelly L.III.XI,

118-119). Esse engajamento, à guisa de um voto, produz efeito imediato, a tentação logo se vai. Sua fé, renovada em profundidade, retorna forte e como que purificada.

Mas qual é essa fé que anima São Vicente, entrado na maturidade?

Uma fé sóbria. Nele não existem êxtases nem visões. Parece não ter tido mais que uma, no momento da morte de Santa Joana de Chantal em 1641. Ele atesta "que apareceu-lhe um pequeno globo de fogo, que se elevava da terra e foi se juntar, numa região superior do espaço, a outro globo maior e mais luminoso, e que os dois, reduzidos a um só, subiram mais alto, entraram e resplandeceram num outro globo infinitamente maior e mais luminoso que os outros; foi-lhe dito interiormente que esse primeiro globo era a alma de nossa digna Madre, o segundo, de nosso bem-aventurado pai Francisco de Sales; e o outro, a própria essência divina, que a alma de nossa digna Madre juntara-se com a de nosso bem-aventurado Pai, e os dois com Deus, seu príncipe soberano"

(XIII, 127). Se ele dá esse depoimento, é por amor da honestidade intelectual e moral, mas ele prefere, e muito mais, afirmar sua desconfiança em todos esses exageros: "os grandes sentimentos de Deus", "a imaginação exaltada". Essas atitudes são "suspeitas" para ele. É claro que ele quer uma piedade de "mangas arregaçadas".

Daí vem o segundo aspecto que sua Fé adota: ela transforma a vida. Nele tudo é dinamismo, seu ritmo diário, seus empreendimentos, suas palestras, sua correspondência; visceralmente centrado no acontecimento. A vida jorra ativa e abundante, ao sabor das circunstâncias. Ele fala do nascimento de sua Congregação: "Oh! Isso não é mais humano, é de Deus. Chamareis de humano o que o entendimento não previu e o que a vontade não desejou nem procurou de maneira alguma? (XII, 7). Em outro dia ele evoca os inícios da Companhia das Filhas da Caridade: "Pode-se dizer na verdade que foi o bom Deus quem fez vossa Companhia... Foi Deus, e não eu..." (IX, 208).

Se ele sofreu durante seus longos momentos de escuridão espiritual, sabe agora que a Fé se aninha na paz e na alegria. A provação foi chocante mas formadora; ficou mais apto para compreender as almas e fazer-se apóstolo da compaixão e da misericórdia. Isto transparece por meio das cartas a Luísa de Marillac, apressada por natureza, que ele deve levar para a serenidade, por exemplo, nesta carta: "Descarregai vosso espírito de tudo o que vos faz pena, Deus vai cuidar. Não saberíeis afobar-vos nisso sem contristar (por assim dizer), o Coração de Deus, porque ele vê que não o honrais suficientemente com a santa confiança. Confiai nele, eu vos suplico, e tereis o cumprimento daquilo que vosso coração deseja. Eu vos digo de novo, rejeitai todos esses pensamentos de desconfiança que por vezes deixais entrar em vosso espírito. E por que vossa alma não será cheia de confiança, pois é a filha querida de nosso Senhor, graças a sua misericórdia?" (I, 90). São Vicente destila confiança em Santa Luísa, bilhete após bilhete, e chega a convertê-la a ponto de transformá-la em autêntica animadora espiritual, igual a ele.

Finalmente, sua fé está bem afinada. Não há nada de excessivo nele. É tão capaz de apoiar o Abade de São Ciro contra as maldades, como denunciar vigorosamente os erros do Jansenismo. E ao decano de Senlis, tentado por essa heresia, escreve: "Esperar que Deus mande um anjo para mais vos iluminar, isso ele não fará; ele vos envia à Igreja, e a Igreja reunida em Trento vos reenvia à Santa Sé para tratar a questão em foco, conforme o parecer do último capítulo do Concílio. Quanto a esperar que o próprio Santo Agostinho volte para se explicar, nosso Senhor nos diz que, quem não crê nas Escrituras, acreditará menos ainda no que os mortos ressuscitados nos dirão. E se fosse possível ao santo voltar, ele iria submeter-se, como já fez outrora, ao Soberano Pontífice" (VI, 268).

Sua insistência permanece legítima; é necessário começar pela Fé, e acrescenta: "Não há nada capaz, como as verdades eternas, de encher o coração e nos guiar com segurança" (Abelly, Livre III, cap. II, p. 8-9).

Ele gosta de retomar, por sua conta, o ato de fé de um confrade agonizante: "Eu quero morrer como verdadeiro cristão... Ó meu Deus! Eu creio em todas as verdades que haveis revelado a vossa Igreja; eu renovo todos aqueles (atos de fé) que já fiz em minha vida; e por aqueles que talvez não tiveram todas as condições requeridas, eu renovo todos os atos dos apóstolos, dos confessores e mártires etc." (II, 347).

Terceiro dia

ENRAIZADOS EM DEUS

Vede as disposições, todas santas, nas quais o cristão submisso à vontade de Deus passa sua vida, e as bênçãos que acompanham tudo o que ele faz: não aspira senão Deus, e é Deus que o conduz em tudo e por toda a parte; de sorte que pode dizer com o profeta: "Tu me tomaste pela mão e me conduziste conforme teus desígnios" (Sl 72,24). Deus o segura, diríamos, pela mão direita e, mantendo-se reciprocamente com inteira submissão a essa divina conduta, vós o vereis amanhã, depois de amanhã, durante toda a semana, todo o ano, enfim toda a sua vida, em paz e tranquilidade, no ardor e tendência contínua para Deus, e expandindo sempre em todas as almas de seu próximo as doces e salutares operações do Espírito que o anima... Nota-se um progresso notável em sua pessoa, uma força e energia em todas as suas palavras; Deus abençoa de modo particular todos os seus empreendimentos, e acompanha com sua Graça os desígnios que tem para ele, e os conselhos que dá aos outros; e todas as suas ações são de grande edificação (XI, 46-47).

Aderir fortemente a Deus, apegar-se a ele como um pobre na aflição, ou melhor, como uma criança segurando, alegre, a mão de seu Pai, tal é o objetivo de Vicente que deseja partilhar sua experiência fundamental: seu socorro está em Deus. Faz seu o lema de Santa Teresa de Ávila: "Só Deus me basta". Ele abriu o Evangelho e sabe por instinto que a casa sólida está construída sobre a rocha. A fé é seu trampolim, e não cessará de empreender e agir por fidelidade a Deus, para corresponder a seu *"bem querer"*, fazer *"seu beneplácito"*. Eis um homem que doravante conhece o poder que Deus e sua Palavra representam. Com Ele e com ela, tudo se torna possível. "Não depende senão de Deus": "É um abismo de perfeição, um Ser eterno, santíssimo, puríssimo, perfeitíssimo e infinitamente glorioso; um Bem infinito que abrange todos os bens, e que é incompreensível em si. Ora, esse conhecimento que temos, que Deus é elevado infinitamente acima de todos os conhecimentos e de todo o entendimento criado, deve bastar-nos para o fazê-lo estimado infinitamente, para nos aniquilarmos em sua presença e para nos fazer falar de sua majestade suprema com um grande sentimento de reverência e de submissão; e na proporção que o estimarmos, nós o amaremos também; e esse amor produzirá em nós um desejo insaciável de reconhecer seus benefícios e procurar verdadeiros adoradores para Ele" (XI, 48).

Agora São Vicente está enraizado em Deus, e não vacilará mais. A dúvida está fora de seu alcance. Ele se faz rocha com a Rocha. Se soubéssemos que nasceu nos campos, diríamos que é um homem de granito.

Como ele chega a esse tipo de conivência com seu Deus?

Ele mesmo fornece a resposta: "Tal minha fé, tal minha experiência" (II, 282). Dir-

-se-ia que se estabelece entre Deus e ele uma cumplicidade amigável: "Salvador de nossas almas... Ó Senhor... Rei dos corações... Ó Salvador do mundo..." Ele quer, a exemplo de seu mestre espiritual Bérulle, visar Deus em primeiríssimo lugar: "É preciso trabalhar sob a estima de Deus, esforçar-se para conceber uma grande estima" (XII, 110), e viver em sua presença, elevar frequentemente o pensamento até Ele e " julgar as coisas somente após ter elevado seu espírito para Deus" (XIII, 345).

Para ele, o invisível caminha a seu lado. Deus é seu hóspede interior, o Mestre da casa; curva-se de bom grado às exigências "berulianas": amar, adorar, imitar. Ama até a loucura aquele que é só Amor: "É certo que a caridade, quando ela mora numa alma, ocupa inteiramente todas as suas potências; não repousa; é um fogo que arde sem cessar; não deixa descansar, mantém sempre em ação a pessoa que se abrasou uma vez" (XI, 215-216). Ele se vê "Adorador do Pai e Servidor de seu desígnio de amor" (cf. VI, 393), no seguimento de Cristo que ele imita em tudo, em todas as "suas situações" de vida e em todas as virtudes.

E por experimentar essa relação privilegiada com seu Deus, ele o conhece também por dentro, tal qual nele mesmo, e adere ao Deus-relação, ao Deus Trindade, Pai, Filho e Espírito Santo. É lá sua âncora: "Um dos efeitos do amor de nosso Senhor é que, não somente Deus Pai ama os que o amam, e as Pessoas da Santíssima Trindade vêm a eles, mas elas ali permanecem. Pois, a alma daquele que ama nosso Senhor é a moradia do Pai e do Filho e do Espírito Santo; e onde o Pai gera eternamente seu Filho, e onde o Espírito Santo procede continuamente do Pai e do Filho" (XI, 44).

Hoje, Vicente nos lembra a necessidade de viver em comunhão perfeita, de nos relacionarmos mutuamente. Isso é tão importante que o jovem fundador dá a seus companheiros a Ssma. Trindade como Patrona. "A união me parece ser a imagem da Trindade

Santa – explica Vicente às Filhas da Caridade. As três Pessoas não são senão um só e mesmo Deus, unidas pelo amor desde toda a eternidade. Assim devemos ser: um mesmo corpo em diversas pessoas, unidas entre si em vista do mesmo projeto, por amor de Deus" (IX, 98).

Ele escolhe, finalmente, a primeira das boas obras: "Preferir sempre aquela onde transparece mais a glória de Deus, e menos nosso interesse" (VIII, 252). O missionário, como a Irmã, tem por missão explicar o mistério da Trindade Santa, pois ele é essencial e, quem o conhece, adere perfeitamente a Deus: "Senhor, dai-nos essa graça de tocar os corações e de levá-los à salvação" (X, 336).

Quarto dia

TODO ENTREGUE A DEUS E AOS POBRES

Ó minha Irmã, quanto sereis consolada na hora da morte por haverdes consumido vossa vida pela mesma causa pela qual Jesus Cristo deu a sua! É pela caridade, é por Deus, é pelos pobres. Se conhecêsseis vossa felicidade, em verdade, minha Irmã, seríeis arrebatada de tanta alegria; pois, fazendo o que vós fazeis, estais cumprindo a lei e os profetas, que nos mandam amar a Deus de todo o nosso coração, e nosso próximo como a nós mesmos. E que maior ato de amor se pode fazer do que doar-se a si mesmo todo inteiro, por estado e por ofício, pela salvação e alívio dos aflitos! Eis toda a nossa perfeição (VII, 382).

Por que esse padre apoiou-se em suas convicções como o navio no porto? Porque ele viveu na prática o que acabamos de falar. Doou-se aos pobres para melhor se doar a

Deus, após aqueles meses de dúvidas e confusão interior. Mas essa experiência vem de longe. São Vicente sabe o que é a infelicidade e, sobretudo, a perturbação da alma.

Esteve muitos meses sob a suspeita de roubo. Acusam-no publicamente no púlpito, durante dois domingos, de haver roubado a bolsa de seu patrão. Em Paris, em 1608, é excluído da sociedade gascã. Foi descartado como um sujeito pouco recomendável. Conhece a fundo o peso da iniquidade. Essa afronta é injusta. Mas ele se cala, mesmo quando rebaixado ao nível do pobre, do infeliz achincalhado: "Não cabe a nós prestar esclarecimentos; se eles nos atribuem o que não fizemos, não cabe a nós defender-nos. Deus está vendo... que nós deixamos para Ele o discernimento das coisas. Ele saberá muito bem, no tempo oportuno, fazer conhecer a verdade" (IX, 368).

Desde seu retorno, ele toma o partido dos excluídos e torna-se, dia a dia, um entre deles. Ei-lo no caminho do Evangelho por excelência, o caminho da inserção: "Nós somos os padres dos pobres, dirá mais tarde. Deus nos escolheu para isso. É nosso capital (nossa riqueza), tudo o mais é acessório" (Collet, VII, 168). E as suas filhas espirituais: "Se algum bispo vos perguntar quem sois vós... dizei-lhe que sois pobres Filhas da Caridade, que vos doastes a Deus para servir os pobres..." (IX, 533-534).

Em janeiro de 1617, em Cannes e Folleville, na região de Somma, ele constata o abandono espiritual e toca com o dedo a necessidade de reconciliar as almas entre si e com Deus. Para isso uma única solução se impõe: "missionar", pregar Missão.

Seis meses mais tarde, em agosto do mesmo ano, ele é o Cura de Chatillon de Dombes; encontra a doença e a miséria numa família inteira. Lança seus paroquianos na rota da caridade. Não jura, a não ser pela força do amor efetivo, e cria confrarias ou equipes de voluntárias para expandir no tempo, o que não passa de um socorro esporádico ou sentimental (sob o impulso do momento).

Ele imagina um vai-e-vem incessante entre dois polos que se completam: o corporal e o espiritual; sabe muito bem que se trata a princípio de cuidar do corpo, de alimentar, de visitar o doente e passar o tempo junto dele. Suas normas às primeiras "Damas da Caridade" são únicas: "Aquela Irmã (de quem for a vez naquele dia), tendo tomado o necessário junto à ecônoma para o alimento dos pobres, irá preparar a refeição e levá-la aos doentes; e abordando-os, saudá-los-á alegre e caridosamente; acomodará a bandeja sobre a cama, colocará um guardanapo em cima; depois, um prato, uma colher, pão; pedirá para lavar as mãos, e recitará o 'Benedicite' (a bênção da comida), despejará a sopa na escudela, colocará a carne num prato, acomodando tudo sobre a bandeja; depois convidará caridosamente o doente a comer; por amor de Jesus e de sua santa Mãe; tudo com amor, como se ela estivesse tratando de seu filho ou, antes, de Deus, que atribui a si mesmo o bem que ela faz aos pobres. Recitar-lhe-á alguma palavra de nosso Senhor..." (XIII, 427-428).

Ele acredita, assim, numa melhoria espiritual, única maneira de servir bem o pobre. Ele proclama a Palavra, ouve a confissão do aldeão afastado de Deus, e o manda em paz com Ele. Institui a Congregação da Missão, destinada a participar da salvação do pobre povo do campo.

Agora os dois registros "corporal" e "espiritual" asseguram, para Vicente – antecipando-se ao tempo –, o desenvolvimento integral da pessoa humana. Aos padres e aos Irmãos da Missão ele martela: "Se houver entre nós os que pensam que estão na Missão só para evangelizar os pobres e não para os aliviar; para curar suas necessidades espirituais e não as temporais, eu respondo que devemos assisti-los e fazê-los assistidos de todas as maneiras, quer por nós, quer pelos outros" (XII, 87). Para as freiras ele sugere: "Afeiçoai-vos bem aos pobres, eu vos suplico; e tende cuidado em ensinar-lhes as verdades necessárias à salvação, pois já percebestes quanto isso é importante..." (IX, 253).

Pensamos instintivamente naquela palavra de Paulo VI, três séculos depois: "O desenvolvimento não se reduz a um simples crescimento econômico. Para ser autêntico, ele deve ser integral, isto é, promover o homem todo e todo o homem... Conforme o desígnio de Deus, cada pessoa é convocada a se desenvolver, pois toda a vida é vocação..."[3]

Vicente quer, sobretudo, que seja reencontrado o valor supremo que é Deus, por meio da Fé e da Caridade, bens inalienáveis. Participar da vida do Deus vivo é reencontrar a dignidade de "filhos" e viver do amor. Para chegar a essa percepção das coisas, é necessário que esse homem seja habitado (pelo Espírito). Melhor ainda, que ele esteja decidido a viver certa radicalização. Vicente vive na doação. Extasia-se com a oferta dos outros, sugerindo-nos fazer o mesmo: "Quando uma boa Filha da Caridade dá toda a sua vida para o serviço de Deus, que deixou tudo, que não tem nada no mundo por ela, nem pai, nem mãe, nem bens, nem posses, nem conhecimentos, senão sobre Deus e para Deus, temos tudo para acreditar que essa Filha será feliz um dia. Mas poucas pessoas têm essa convicção. Ah! Que bom ver uma alma revestida da graça de Deus, cercada pela virtude divina, que carrega Deus em seu coração, que não o perde jamais de vista! Se pudéssemos vê-la, ficaríamos arrebatado de admiração; não poderíamos ver de frente a beleza dessa alma sem ficarmos ofuscados" (X, 337-338).

Quinto dia

A PAIXÃO DO REINO

Ah! Senhor, atraí-nos para vós, dai-nos a graça de começar a seguir vosso exemplo e nossa Regra, a procurar o Reino de Deus e sua justiça, e a nos abandonar a ele em troca de tudo o mais; fazei que vosso Pai reine em nós e reinai vós mesmo em nós, fazendo-nos reinar em vós pela fé, pela esperança e pelo amor, pela humildade, pela obediência e pela união com vossa divina Majestade. Fazendo assim, temos motivo suficiente para esperar que um dia reinaremos na vossa glória, que nos foi merecida pelo vosso sangue precioso. É o que, meus irmãos, devemos pedir na oração; e ao longo do dia, começando pelo despertar, dizendo para si mesmo: "Como devo agir para que Deus reine soberanamente em meu coração? Como farei também para estender por todo o mundo o conhecimento e o amor de Jesus Cristo? Meu bom Jesus, ensinai-me a fazê-lo, e fazei que eu o faça!" (XII, 147-148).

Vicente é um apaixonado, e este dom de Deus lhe dá o seu verdadeiro perfil. Ele mesmo confessa ter mau caráter: "Eu me exaspero, eu sou volúvel, eu me exalto, eu repreendo" (XII, 187). Tem alma e caráter de quem nasceu na Gasconha! É possuído pelas virtudes dos fortes: a coragem, a audácia, a firmeza, certa temeridade e acima de tudo, o ardor, o zelo. Não tolera meias medidas e quer estar sempre acima das circunstâncias, pronto para tudo, passando de bom grado para a primeira linha, encorajando, aguilhoando, partindo para a guerra contra a "insensibilidade" e não tolerando "os caçadores de sombra"[4]: Isso é ser missionário, ter todas as facilidades?" (XI, 201). Já se falou muito de sua tolerância em esperar, de seu ritmo lento. Ele reflete, conta com o tempo, porém não titubeia mais depois que o objetivo foi estudado e definido. Fica inteiramente empenhado nele com este duplo princípio: "Há duas coisas a considerar, saber não somente fazer o bem, mas que esse bem seja bem feito" (XI, 442). É ativo e perseverante. Daí vem seu desejo de despertar e animar o outro, e sua teimosia na ação. Ele não é senão tensão e obstinação, qualidades próprias dos apaixonados. Um de seus biógrafos o chamou assim: "homem de ação". É preciso segui-lo pelas rotas missionárias, indo de aldeia em aldeia, de igreja em igreja, de casa em casa. A casa mãe de São Lázaro dará 700 missões e Vicente participará pessoalmente de uma boa centena antes de 1632. Aos 72 anos ele parte para pregar em Sevran. Quem o visse preso em seu escritório de Paris (fora dos muros), enganar-se-ia! Ele atravessa as ruas da capital, desde a porta São Denis até o palácio real com uma determinação que forçou a compaixão popular: desce da charrete para socorrer um pobre e oferecer-lhe a viatura que ele batizou com o nome de "sua infâmia". Ele se assenta sem hesitar à mesa real do Conselho de Consciência, lugar de decisão dos assuntos eclesiásticos, para exercer seu apostolado público, tornando-se de algum modo ministro dos assuntos religiosos... Exorta as damas da alta sociedade e da burguesia, suplicando que mantenham o acompanhamento das crianças enjeitadas; ensina os membros das "Conferências das Terças Feiras", sementeiras de bispos; convida seus irmãos prediletos, Mathurin Regnard e João Parre para uma tal missão perigosa junto aos infelizes refugiados das províncias sinistradas em Lorena, na Campanha, na Picardia e na Ilha-de-França. Está em todas as frentes de trabalho e vigia, de perto ou de longe, todos os empreendimentos. João Anouilh, ao compor os diálogos do filme *Monsieur Vincent,* não se enganou, tendo encontrado esse traço genial no fim de uma conversa nostálgica entre o gigante da caridade e a rainha da França, assentados próximos a uma lareira cujo fogo se consumia como sua vida:

– Eu dormi! Dormi horrorosamente, Senhora...! Sim, Senhora, não realizei nada.
– O que falta então fazer numa vida, padre, para se fazer alguma coisa?
– Mais, fazer mais, Senhora! Nós somos terrivelmente negligentes!

Estamos lá no coração do "mais" de Santo Inácio de Loyola, que era conhecido de Vicente: "O que vamos procurar, é fazer mais a vontade de Deus, isto é, amar mais"[5]. Na realidade assim rezava Pe. Vicente: "Ó Salvador, não permitais que abusemos de nossa vocação" (XI, 342).

Estaria apressado? Antes, cheio de ardor. Alguém poderia ter dito que era "obcecadamente zeloso"; um amoroso louco da ação, preparada e amadurecida ao calor da meditação. Ele nos coloca em estado de aquecimento, os olhos voltados para a vinda do reino de Deus, resumindo tudo nestas fórmulas lapidares e estimulantes: "É preciso estar totalmente disponíveis para Deus e para o serviço do povo..." (XI, 402), e "Esforcemo-nos para nos animar no espírito de fervor" (XII, 321). Ele utiliza um vocabulário que fala por si, comprazendo-se no uso do termo "fogo" e seus derivados: "chama, inflamar, arder, abrasar, consumir...". Seu coração enxerga longe, e deseja que o coração dos missionários seja "vasto e amplo". Em 1657, ele os exorta: "É preciso... estar prontos e disponíveis para ir e vir aonde agrada a Deus, seja para as Índias ou alhures, enfim, colocar-nos de bom grado a serviço do próximo, para ampliar o reino de Jesus Cristo nas almas" (XI, 402).

Surpreendente! O tema do martírio é bem desenvolvido no místico autêntico. Ele fala do "espírito de martírio" como se fosse uma evidência para ele e para os seus: "Praza a Deus, meus senhores e meus irmãos, que todos que vierem a pertencer à Companhia venham com o pensamento no martírio" (XI, 371). Está tão possuído por este pensamento do dom total, que vai criar uma expressão bem dele: "O martírio da caridade"; vê as Filhas da Caridade matar-se no trabalho, o que a tradição reconhece nelas até hoje, e as canoniza sem hesitar: "Vejamo-las como mártires de Jesus Cristo, pois servem o próximo por seu amor" (IX, 270).

Que os Missionários e Irmãs imitem o Cristo "que consumiu suas forças e sua vida a serviço do próximo"[6]. Ele também quer fazer como o Bom Pastor que "arrisca sua vida"[7], e quando ele envia sucessivamente doze confrades a Madagascar, que morrem no navio ou na chegada, e que muitos em torno dele queriam renunciar, ele se põe a rezar em voz alta e sem um nada provocante: "Se não estivéssemos agarrados a algum infeliz espinheiro, diríamos todos: Meu Deus, enviai-me, eu me entrego a vós para ir a todos os lugares da terra onde meus Superiores propuserem que eu vá anunciar Jesus Cristo" (XII, 241). Com Ele podemos repetir: "Meu Deus, enviai-nos!"

Sexto dia

SEGUINDO CRISTO, EVANGELIZADOR DOS POBRES

Trabalhar pela salvação da pobre gente dos campos é a meta principal de nossa vocação; tudo o mais é acessório, pois não teríamos jamais trabalhado nas ordenações, nos seminários se não tivéssemos julgado que isso era necessário para alimentar a Fé e conservar o fruto das Missões quando há bons padres, imitando nisso os grandes conquistadores, que deixam guarnições militares nas praças ocupadas, com medo de perder o que conseguiram com tanto sacrifício. Não somos bem felizes, meus irmãos, por poder manifestar com simplicidade a vocação de Jesus Cristo? Quem, pois, melhor manifesta a maneira de vida que Jesus Cristo levou na terra do que os missionários?... Oh! Como serão felizes aqueles que, na hora da morte, puderem pronunciar estas belas palavras de nosso Senhor: O Senhor enviou-me para evangelizar os pobres! Vede, meus irmãos, como o objetivo principal de nosso Senhor era trabalhar pelos pobres... (XI, 133-135).

O que salta aos olhos, lendo esse texto, é o papel missionário decisivo, desempenhado por Cristo.

Estamos agora no ambiente predileto de São Vicente: a Escola Francesa de Espiritualidade, centrada no Cristo. Vicente vive "com os olhos fixos em Jesus Cristo" como os ouvintes na sinagoga de Nazaré. Sua preocupação é o Salvador; tem imagens fortes, próprias para alimentar nossa meditação: Jesus é "nossa força", "nossa vida", "nosso alimento" (VIII, 15); é o canteiro vivo de todas as virtudes: "humildade, doçura, tolerância, paciência, vigilância, prudência e caridade" (VIII, 231); Ele é "a Regra da Missão" (XII, 130); "a eterna suavidade dos homens e dos anjos" (IV, 54); "nosso pai, nossa mãe, nosso tudo" (V, 534); "a vida de nossa vida e a única ambição de nossos corações" (VI, 562); "o grande quadro invisível conforme o qual devemos modelar todas as nossas ações" (XI, 212). Concluindo com estas palavras de seu primeiro biógrafo: "Nada me satisfaz, senão Jesus Cristo" (Abelly, L I, 78). Caso haja ainda alguma dúvida, a imitação de Jesus Cristo é seu referencial em todos os momentos, "seu livro e seu espelho", conforme a bela expressão do bispo de Rodes (Abelly, LIII,87).

São Vicente escreveu a um confrade, enciumado com os sucessos pastorais do outro: "O padre não deveria morrer de vergonha por buscar reputação no serviço que presta a Deus e por morrer na sua cama, quando vê Jesus Cristo sendo recompensado de seus trabalhos com o opróbrio e o patíbulo? Lembrai-vos, senhor, que nós vivemos em Jesus Cristo pela morte de Jesus Cristo e que devemos morrer em Jesus Cristo pela vida de Jesus Cristo; que nossa vida deve estar escondida em Jesus Cristo e cheia de Jesus Cristo; e que, para morrer como Jesus Cristo, é preciso viver como Jesus Cristo viveu" (I, 294-295). Constatamos uma conivência real com Pascal, seu contemporâneo; com palavras que não enganam quanto ao único alvo de seu desejo e sua aplicação comum. Pascal argumenta assim: "Não só não conheceríamos Deus, senão por meio de Jesus Cristo, mas nem conheceríamos a nós mesmos, senão por meio de Jesus Cristo; não conhecemos a vida e a morte a não ser por Jesus Cristo. Fora de Jesus Cristo não sabemos o que é nossa vida ou nossa morte, nem quem é Deus ou quem somos nós mesmos" (Lafuma, 417). Um é mais filósofo, o outro é mais espiritual, mas ambos são reflexivos e mergulhados na contemplação do Crucificado.

Cristo está no centro da espiritualidade vicentina e também da estratégia missionária.

Primeiro, somos seus continuadores e Ele é o agente principal e o Missionário do Pai. É seu Enviado. Oito vezes, nos poucos textos que nos restam dele, Vicente utiliza esta passagem tirada de Lucas: "Ele enviou-me para evangelizar os pobres" (4,8). Está possuído por esse Jesus Salvador. Sente-se investido da mesma missão. Ele se vê assim, como libertador: "Assemelhamo-nos muito nesta vocação a nosso Senhor Jesus Cristo que, assim nos parece, vindo ao mundo tomou como alvo principal: assistir os pobres e cuidar deles: 'Ele enviou-me para evangelizar os pobres'. E se alguém pergunta a nosso Senhor: 'O que viestes fazer na terra?' – Assistir os pobres. – O que mais? – Assistir os pobres etc." (XI, 108). Somos portanto, decididamente missionários no seguimento do único e perfeito Missionário. O Evangelho é a palavra essencial a ser anunciada aos pobres: "É nossa tarefa principal" (X, 203). Portanto, não pode ser barrada.

O pensamento vai-se tornando mais preciso e afinado na contemplação dos mistérios evangélicos. Cumprido uma vez esse trabalho de aprofundamento, tudo o mais se torna uma questão de apresentação. Sobretudo, nada de palavras grandiloquentes. São Vicente foge das belas frases e dos voos de oratória de seu tempo! Ele preconiza "o pequeno método", porque "é o método do qual o Filho de Deus se serviu para anunciar aos homens seu Evangelho" (XI, 265). Para além de um mecanismo, que hoje causaria riso – natureza, motivos e meios –, Vicente preconiza um discurso simples, concreto, familiar, ordinário. Que o anunciador "se guarde de mascarar e falsificar a Palavra de Deus" (XI, 285). Quem não percebe a atualidade de tal recomendação?

Isso, porque a Missão se dirige aos pobres: aos pequenos, aos simples, aos sedentos de Deus, e não aos estetas "doentes de literatura"[8]. Eis Pe. Vicente insistindo no exemplo dos exemplos: "Logo depois que se assentou sobre esta pedra próxima do poço, nosso Senhor começou instruindo a mulher, ao pedir-lhe água. 'Mulher, dá-me de beber', lhe diz. E assim, vai perguntando a um, depois a outro: 'Então! Como estão vossos cavalos? Como vai isto? Como vai aquilo? Como estais de saúde?'" (XI, 383).

A vida é o primeiro interesse do missionário autêntico. Ele parte do quotidiano, dos acontecimentos, da situação de cada um, de suas necessidades, de suas preocupações, de seus desejos concretos. Insensivelmente, como Jesus com a samaritana, passamos do concreto para o secreto, daquilo que se vê para aquilo que é desejado, do parecer ao ser.

Sétimo dia

COM CRISTO, SERVIDOR DOS POBRES

Para ser verdadeiras Filhas da Caridade, é necessário fazer o que o Filho de Deus fez sobre a terra. E o que fez ele, de modo especial? Após haver submetido sua vontade em obediência à Santa Virgem e a São José, trabalhou continuamente pelo próximo, visitando e curando os enfermos, instruindo os ignorantes visando sua salvação. Como sois felizes, minhas filhas, por terdes sido chamadas a um estado tão agradável a Deus! Mas também deveis tomar cuidado para não abusar, e trabalhar para vos aperfeiçoardes neste santo estado. Vós tendes a felicidade de ser as primeiras chamadas para este santo exercício, vós, pobres aldeãs e filhas de artesãos (IX, 15) ... Tende a intenção de tornar-vos verdadeiramente boas Filhas da Caridade; pois não é bastante ser Filhas da Caridade só de nome; é preciso ser realmente (IX, 49).

Eis a segunda face do Cristo segundo Pe. Vicente: o Servidor. Somos todos chamados a segui-lo no caminho do serviço. O mesmo dom de si em estado puro, radical, opera quotidianamente, por um mesmo impulso do coração: servir o pobre é servir a Deus! Para isso, basta olhar para o próprio Jesus Cristo. Ele é o Verbo de Deus encarnado, homem no meio dos homens, que passa o tempo em oração, vivendo em comunicação permanente com seu Pai: "Meu Pai e eu somos um" (Jo 10,30). Mas é também aquele que serve as pessoas dia a dia com um devotamento sem limites: "Jesus percorria todas as cidades e aldeias, ensinando nas sinagogas, proclamando a Boa Nova do reino e curando toda espécie de doenças e enfermidades" (Mt 9,35). Jesus, sempre em plena função, pede o mesmo aos seus – "Que vossos rins estejam cingidos" (Lc 12,35) – e nos chama "servidores", palavra esta que volta 76 vezes nos quatro evangelhos. Mas seu exemplo culmina com o lava-pés: E eu estou convosco como aquele que serve" (Lc 22,27). Ele dá o testemunho daquele que se abaixa a mais não poder ante seu próximo e se despoja de toda a superioridade, de toda a pretensão divina, para se colocar em atitude, tanto de serviço como de lavar os pés de seus apóstolos, gesto reservado normalmente ao escravo: "O que mais me tocou do que foi dito... é o que se relatou de nosso Senhor: sendo o mestre natural do mundo inteiro, entretanto se faz o último de todos, o opróbrio e a abjeção dos homens, pegando sempre o último lugar onde quer que se encontrasse. Vós talvez pensais, meus irmãos, que um homem é muito humilde e se abaixou bastante quando pegou o último lugar. O quê! Um homem se humilha quando pega o lugar de nosso Senhor? Sim, meus irmãos, o lugar de nosso Senhor é o último. Quem quer mandar não pode ter o espírito de nosso Senhor; este divino Salvador não veio ao mundo para ser servido, mas para servir os outros; o que ele praticou magnificamente, não somente durante o tempo em que permaneceu junto dos parentes e das pessoas que servia para ganhar sua vida, mas mesmo – assim julgam diversos santos padres – durante o tempo em que os apóstolos ficaram com ele, servindo-os com as próprias mãos, lavando-lhes os pés, e mandando-os descansar de suas fadigas" (XI, 137-138). Esse lava-pés, não esqueçamos jamais, acontece na véspera do Calvário, o lugar do dom supremo! Vicente percebeu bem a plenitude do dom de Cristo no "mandamento do amor e da caridade" (XII, 13): "Se observarmos bem este belo quadro que temos diante dos olhos, este admirável original da humildade – nosso Senhor Jesus Cristo – vendo-nos tão distanciados de seus prodigiosos rebaixamentos, não daríamos mais entrada em nossos espíritos de nenhuma boa opinião a nosso respeito... Roguemos a Deus... que nos preserve dessa cegueira. Peçamo-lhe a graça de procurarmos sempre o mais baixo" (XI, 394). Jesus de joelhos é sempre Deus em sua plenitude... O Altíssimo torna-se o mesmo, também quando é o Baixíssimo.

As Filhas da Caridade que vão chamar-se e assinar "servas indignas dos pobres", nascerão do rebaixamento, e isso não é sem ensinamento na lógica vicentina. Existiam desde 1618, no momento em que Vicente começa metodicamente as Missões, as Confrarias da Caridade, associações de damas voluntárias. Pouco a pouco, as Damas da burguesia ou da nobreza tiveram de prestar elas mesmas os serviços baixos e servis. Por reflexo, apelam para suas servas mas elas se recusam. Luísa de Marillac sonha então recrutar mulheres voluntárias e generosas. Ora, eis a chegada providencial da primeira jovem, pastora de gado de Surene, Margarida Naseau. Analfabeta, aprende a ler por si mesma e se improvisa mestra escolar. Aplica-se total e alegremente no serviço aos doentes: "Sua caridade foi tão grande que morreu por ter colocado na mesma cama, com ela, uma pobre moça vítima da peste" (IX, 79). Foi no ano de 1633, quando Luísa convenceu finalmente São Vicente e reuniu, no dia 29 de novembro, o primeiro seminário das Filhas da Caridade, numa casa próxima de S. Nicolau de Chardonnet.

Tornar-se servidor seguindo os passos de Cristo é assim um estado de vida. "Estar a serviço de" implica um engajamento total e constante. Nunca se está "fora de serviço", mas sempre com aquele que vive. São Vicente e Santa Luísa desposam instintivamente, por eles e pelos outros, essa condição. "A humildade, que seja nosso grito de vigilância permanente!" (XII, 206).

Assim, no pensamento de Vicente, a Filha da Caridade "não faz" um serviço de pobres; ela "é" a serva de Cristo nos pobres: "Fazemos profissão de doar nossa vida pelo serviço do próximo, por amor de Deus" (IX, 459). Trata-se para ela de um estado permanente que São Vicente chama "estado de caridade". A tempo e lugar, sempre. Mesmo enfermo ou abatido pela idade, ela serve, "a passos lentos", mas serve!

Ela conserva simplesmente o espírito de sua vida toda, feita de dependência, de pobreza, de simplicidade e, à imagem de Maria, serva entre as servas que se colocou "à disposição de seu Filho". "Foi por causa de vossa humildade que Deus fez grandes coisas em vós" (X, 395), repete Vicente à Virgem. E ele recomenda acertadamente: "Se vós sentis que Deus vos chama para receber esta graça, não endureçais vosso coração, acorrei à Virgem Santa, pedindo-lhe que obtenha de seu Filho a graça de participardes de sua humildade, que a fez chamar-se serva do Senhor quando a escolheu para sua Mãe" (X, 536-537).

Jesus e Maria nos convocam para a responsabilidade do serviço. Ser servidores, servidores de qualquer forma, mesmo inúteis! "Ser", tudo está contido nessa palavra... Ela esvazia o "fazer" a qualquer preço, para nos conduzir do quantitativo ao qualificativo, do ativismo à escuta. O vicentino obedece a seu mestre: "Nosso Senhor quis ajustar-se aos pobres para nos dar o exemplo de fazer o mesmo" (I, 336).

Oitavo dia

OS POBRES, NOSSOS SENHORES E NOSSOS MESTRES

> As Damas têm desejado que eu vos peça, como faço agora, de informá-las direitinho o número de pobres existentes em cada cantão onde passareis, e em cada aldeia; pobres que têm necessidade de ser vestidos neste próximo inverno, em tudo ou em parte, para se poder calcular a soma das despesas e preparar as roupas em tempo. Calcula-se que será melhor comprar um tecido mais grosseiro do que a sarja. Será preciso anotar os nomes dessa pobre gente, a fim de que no tempo da distribuição a esmola vá para eles, e não para quem não precisa tanto. Portanto, para bem selecionar, seria necessário vê-los pessoalmente e assim conhecer de vista os mais e os menos necessitados... (VI, 367-368).

Eis o Pe. Vicente entrando de chofre em sua verdadeira grandeza. É o homem dos pobres. Nós o ouvimos suspirando de fadiga e de amor: "Os pobres que não sabem para onde ir, nem o que fazer, que já sofrem e se multiplicam todos os dias, este é meu peso e minha dor" (Collet, I, 499). Isso se torna mais categórico diante dos confrades em reunião quando lhes afirma: "Nós somos os padres dos pobres. Deus nos escolheu para eles. Lá está nossa riqueza, tudo o mais é acessório" (Collet, VII, 168).

Os pobres! Em nossos dias, essa palavra perturba tanto a ponto de transformar-se num repetitório vazio, exprimindo sempre a mesma realidade lamentável. Como falar adequadamente de pessoas que imploram, antes de tudo, nossa discrição e nosso pudor? O constrangimento volta sempre nas reuniões sobre esse assunto, porque é muito mais fácil falar dos pobres do que acompanhá-los ou partilhar sua condição de vida. Mas é uma visão vicentina dos pobres que merece meditação e mesmo contemplação. Pe. Vicente nos faz passar da Sociologia para a Mística.

Primeiro, ele tem esse hábito bem conhecido de ver tudo. Esse homem vê a realidade, perscruta-a com intensidade, aprofundando o olhar em todos os que cruzam seu caminho: os camponeses de sua terra, os andarilhos das cidades e das estradas, os aldeões, os errantes, os serventes, os marginais, os boêmios, os estropiados. Ele se compadece dos inválidos, dos velhos e dos órfãos, dos prisioneiros das galeras a ele confiados e do imenso cortejo de todos esses que a angústia da existência aprisiona, que a fome mortifica. Para muitos falta o trabalho, a pior injustiça da época. E depois, os mendigos! Em Paris no ano de 1656, o Governo fundou o Hospital Geral para limpar as ruas da cidade, sob pretexto de fazer uma obra de beneficência! Reparemos no tom interrogativo de São Vicente: "Eles vão tirar a mendicidade de Paris e recolher todos os pobres em lugares próprios para os manter, instruir e ocupar... O rei e o parlamento apoiaram vigorosamente e, sem me deixar falar, destinaram os padres de nossa Congregação e as Filhas da

Caridade para o serviço dos pobres, com o beneplácito do Arcebispo de Paris. Mas não estamos resolvidos ainda a nos engajar nesse serviço, por não conhecermos bastante se o bom Deus o quer; mas, se nós o assumirmos, será primeiro como experiência" (março 1657, VI, 245).

Pois Vicente não se contenta com uma visão dos pobres. Ele não pode apagar as asperezas de sua infância e de sua juventude, e conhece bastante o valor do trabalho, para aceitar que os pobres sejam dele privados. Por isso reage com força e se atém às urgências dando de comer. Alimentar... prover às necessidades imediatas, esse é seu reflexo, aliás, muito compreensível.

Mas ele não para nessa etapa; quer que cada um tome a coisa a peito, na medida do possível. O caso da ajuda às províncias sinistradas pela Fronde, depois pela guerra, é um bom exemplo. Ele dá ordens muito precisas aos irmãos Renard e Parre que são seus auxiliares no socorro às vitimas das violências: "Eu vos direi, escreve ao Irmão João Parre, que está destinada alguma pouca coisa para ajudar alguns pobres a plantar um pedaço de terra; eu digo: os mais pobres que sem esse recurso não poderiam fazê-lo... Poderíeis recomendar-lhes, depois de ter arranjado um pedaço de chão, queiram lavrá-lo e adubá--lo, pedindo a Deus que lhes envie alguma semente para plantar e, sem prometer nada (da nossa parte), esperar que Deus providenciará.

Poder-se-ia fazer também que todos os outros pobres que não têm terra ganhassem a vida, tanto homens como mulheres, dando--se aos homens algumas ferramentas para trabalhar, e às jovens e mulheres, rodas, fios e lã para fiar, mas isso somente aos mais pobres" (VIII, 72 e 73). Vê-se por aí o cuidado que tem o Pe. Vicente de fazê-los assumir pessoalmente o trabalho.

Ele recorre até ao sistema das "Relações" criadas por M. Miguel de Bernieres; elas são escritas e distribuídas à maneira de folhetos de propaganda, informando sobre a situação real, destinados a tocar os corações e a abrir as bolsas. Nomeia um Intendente Geral da Caridade entre os confrades para coordenar as necessidades e os recursos. Mas há, evidentemente, mais nesse santo da caridade: o pobre é aquele que descobre para nós o primeiro Sofredor, aquele que carrega o peso de todas as misérias do mundo: Jesus Cristo, pobre e humilhado. Ele é "sacramento de Cristo". Vicente exprime essa Mística do pobre em palavras que deram a volta ao mundo: "Não devo considerar um pobre aldeão ou uma pobre mulher conforme seu exterior, nem conforme o que parece pelo reflexo de seu espírito; tanto assim que muitas vezes não têm sequer a figura e o espírito de pessoas racionais, tão grosseiros e terrenos eles são. Virai a medalha, porém, e vereis pelas luzes da Fé que o Filho de Deus, que quis ser pobre, nos é representado por esses pobres..." (XI, 32). Nosso santo apropria para si, com predileção, a palavra definitiva do Cristo glorioso ao julgar todos os homens: "Tudo o que fizestes ao menor entre meus irmãos, foi a mim que o fizeste" (Mt

25,40). Às Filhas da Caridade ele diz: "Os pobres são nossos mestres, são nossos reis" (X, 610), "senhores" que revertem de algum modo a situação estabelecida, e com aquela força em pleno coração do século XVII. A pirâmide é invertida e os primeiros tornam-se os últimos. Os ricos e os grandes deste mundo são convocados para servir.

Hoje em dia, mais do que nunca, a dignidade dos pobres contesta a nossa. Queiramos ou não, saibamos ou não, a relação que travamos com eles julga o teor de nossa fé.

Nono dia

A IGREJA, CIDADE DOS POBRES

Todos nós formamos um corpo místico; somos todos membros uns dos outros. Nunca se ouviu dizer que um membro, nem mesmo entre os animais, tem sido insensível à dor de outro membro; que uma parte do homem seja esfolada, ferida ou violentada sem que os outros se ressintam. Isso não pode acontecer. Todos os nossos membros têm tanta simpatia e ligação recíproca, que a dor de um é a dor do outro. Com mais forte razão, os cristãos, sendo membros de um mesmo corpo e membros uns dos outros, devem compadecer-se uns dos outros. O quê?! Ser cristão e ver seu irmão afligido, sem chorar com ele, sem sentir-se doente com ele! Isso é não ter caridade; é ser cristão de rótulo; é não ter nada de humanidade; é ser pior que os animais (XII, 271).

Vicente escolheu a melhor parte: "Nossa partilha, meus senhores e meus irmãos, são os pobres, sim os pobres!" (XII, 4), e às Filhas da Caridade ele declara com entusiasmo: "Servindo os pobres, serve-se a Jesus Cristo. Ó minhas filhas, isso é verdade! Vós servis a Jesus Cristo na pessoa dos pobres. Isso também é tanto verdade quanto o estarmos aqui" (IX, 252).

O que toca o leitor assíduo de nosso santo é essa sua obstinação em criar estruturas, tecer laços precisamente em torno dos pobres. Ele planeja sem cessar novas organizações e faz todos os seus membros trabalharem juntos. Filhas da Caridade, Missionários da Congregação, Damas das Confrarias da Caridade, padres e responsáveis civis, homens e mulheres de boa vontade, todos são convidados a se unir para socorrer as necessidades dos pobres. Tem sucesso sobretudo nesse esforço supremo de unir num mesmo elã de generosidade a pastora de gado, analfabeta, e a rainha que vive nos corredores do palácio do Louvre; a pobre camponesa e a nobre dama carregada de joias.

Ele inaugura assim uma nova maneira de "fazer Igreja". Sabe por instinto que Deus não faz distinção de pessoas, e meditou suficientemente os Atos dos Apóstolos para se lembrar que a Igreja nascente convoca para essa união do Espírito. Povo de Deus em comunhão, essa é a visão profética de uma Igreja embebida no Evangelho.

Em seu pensamento, estamos bem longe da seda e do ouro dos bispos-príncipes, dos abades de comenda e de uma hierarquia muitas vezes ausente. No "Conselho de Consciência" depois de 1643, São Vicente ensina a nomear padres válidos, pastores, para ocupar as sedes das dioceses vacantes. Ele conhece as decisões e orientações do Concílio de Trento. Quer passar para uma eficiência missionária e acha "que há muitos inúteis... A grande necessidade da Igreja é ter homens evangélicos que trabalhem para purificá-la, iluminá-la e uni-la ao seu divino esposo" (III, 202). Um dia, o surpreendemos de cheio recusando usar sua influência para levar avante um candidato ao sacerdócio: "Para mim é uma questão de consciência contribuir para entrardes nas Ordens Sacras, particularmente no sacerdócio, porque infeliz daquele que entra pela janela de sua própria escolha, e não pela porta de uma vocação autêntica" (VII, 462). Pode-se imaginar facilmente a cara do advogado (!) missivista ao receber tal resposta, tendo de rever a sua defesa.

A preocupação é do Pe. Vicente de outrora; ele foi padre da roça em Clichy, vivendo em contato com as pessoas de uma boa paróquia: "Eu penso que o Papa não é mais feliz do que um cura no meio de um povo de coração tão bom" (IX, 646). O mesmo aconteceu em Chatillon, paróquia próspera e bem cuidada: Pe. Vicente realizou-se no meio daquele povo de boa vontade.

Em Montmirail, ele converteu um huguenote com uma pedagogia totalmente evangélica, e explica pessoalmente o porquê dessa conversão:

"O protestante deve a curiosidade de assistir às pregações e às instruções catequéticas; viu o cuidado que se tinha de instruir os que estavam na ignorância das verdades necessárias a sua salvação, a caridade com a qual a gente se acomodava à fraqueza e à lentidão de espírito dos mais rudes, e os efeitos maravilhosos que o zelo dos missionários operava no coração dos maiores pecadores. Comovido até as lágrimas, ele veio procurar o santo e lhe disse: 'Agora estou vendo que o Espírito Santo conduz a Igreja romana, pois aqui se cuida da instrução e salvação dos pobres aldeões; estou pronto para ingressar quando vos comprazerdes em receber-me'" (XI, 35-36).

Eis São Vicente perante a Igreja dos pobres e em sintonia perfeita com eles. Levada a efeito a profissão de fé do protestante, Vicente concluirá maravilhado: "Oh! que felicidade para nós, missionários, constatar a conduta do Espírito Santo em sua Igreja, que trabalha, como nós fazemos, na instrução e santificação dos pobres" (XI,37). Ele nos mostra ainda, concretamente, que a evangelização dos pobres é como o critério da presença ativa do Espírito Santo em sua Igreja. Pode-se dizer que Vicente desenvolve toda a sua ação sobre base eclesial.

Assim o "corpo místico" de Cristo não é para ele uma abstração de teólogos. Ele devotou-lhe sua vida. Sabe que a Igreja é, no sentido real e divino, a imensa fraternidade dos filhos de Deus, englobando com predileção os mais pequenos. E alegra-se com isso. Pois o Espírito opera no coração dos pobres, como no coração de todos os homens de boa vontade.

Não está fora de nosso objetivo evocar aqui Jacques Benigne Bossuet. Em 1659 ele torna-se o pregador em voga das grandes igrejas e da capela real; naquele ano ele faz seus sermões sobre "a eminente dignidade dos pobres", eco reconhecido do pensamento de Vicente de Paulo; os dois homens se conhecem, se estimam e trabalham juntos. Encontramos nesse texto uma ideia dominante: A Igreja, como a quis Jesus Cristo, é em princípio, a despeito dos ricos e poderosos, o mundo dos sem voz e sem vez. Como não meditar sobre isso ainda hoje?

"... Cabia unicamente ao Salvador e à política do céu construir para nós uma cidade que fosse verdadeiramente a cidade dos pobres. Essa cidade é a Igreja; e se vós me perguntais, cristãos, por que a chamo a cidade dos pobres, eu vos direi a razão desta proposição que estou adiantando: que a Igreja, em seu primeiro projeto, não foi fundada a não ser para os pobres e que eles são os verdadeiros cidadãos dessa cidade bem-aventurada que a Escritura chamou Cidade de Deus... Vinde pois, ó ricos, para a Igreja deles; a porta está aberta finalmente: mas ela está aberta em favor dos pobres e com a condição de serem servidos. É por amor de seus filhos que ele permite a entrada a esses estrangeiros. Vede o milagre da pobreza. Os ricos eram estrangeiros, mas o serviço aos pobres os naturaliza... Pedi, ó ricos, a Deus sua misericórdia"[9].

Décimo dia

A ORAÇÃO, ALMA DA AÇÃO

Uma coisa importante, à qual deveis aplicar-vos cuidadosamente, é a de ter grande contato com nosso Senhor na oração; lá está o reservatório onde encontrareis as instruções que vos serão necessárias para desempenhar a tarefa que tereis. Quando tiverdes alguma dúvida, recorrei a Deus e dizei-lhe: "Senhor, que sois o Pai das luzes, ensinai-me o que preciso fazer neste caso... Vós deveis ainda recorrer à oração para pedir a nosso Senhor pelas necessidades daqueles que tereis de conduzir. Crede seguramente que tereis mais frutos por esse meio do que por algum outro... Jesus Cristo, que deve ser o exemplo para todas as vossas condutas, não se contentou só com suas pregações, seus trabalhos, seus jejuns, seu sangue e sua própria morte; mas a tudo isso ele acrescentou a oração. Nem haveria necessidade disso para ele; foi por nós que ele rezou tantas vezes, e para nos ensinar a fazer o mesmo, tanto por aquilo que nos diz respeito, como por aquilo que se refere àqueles cujos salvadores devemos ser com Ele (XI, 344-346).

Deus, o Reino, os pobres! Como levar a termo tão grande tarefa? Vicente não tem, senão, um segredo: a oração. Para ele, é a paixão de sua vida, "o centro da devoção". Quando ele aborda esse tema – que leva visceralmente a peito – ele tem como um reflexo condicionado; emprega imagens que exprimem elementos vitais como se quisesse comunicar sua importância, fazer ver sua necessidade absoluta; a oração é para ele "a alma", "o ar", "o alimento", "o orvalho", "o reservatório", "a fonte da juventude", "o sol", "o pão de cada dia", "a sementeira". Conhecemos sua frase famosa que se impõe de chofre, tão forte é ela: "Dai-me um homem de oração e ele será capaz de tudo" (XI, 83). Não deixava de dar normas espirituais a um jovem confrade, Antônio Durand, 27 anos, nomeado superior de Agde, e que devia animar uma paróquia, um seminário maior e uma equipe de missionários. Ele podia, ou ficar presunçoso, ou ser esmagado pelo cargo. Seu mestre e amigo o encoraja com esse grande meio da oração e o princípio que brota daí, a "imitação de Jesus Cristo". Pois um não vai sem o outro.

Fazer oração. Todos os dias. Durante uma hora. A norma está aí, quase lancinante, transcende o tempo para chegar até nós e nos libertar do aburguesamento espiritual. Pois bem existe o perigo de se instalar na "insensibilidade" ou no fastio. Um dia de 1648, joga para suas Irmãs: "Não a deixeis de modo nenhum, pois a oração é tão excelente que nunca se pode fazê-la demais (IX, 414).

Vamos contemplar esse homem em oração. Ele reza espontaneamente: "Ó Deus, meu Senhor, se vos agradar, sede o vínculo de nossos corações (III, 239); "Ó meu Deus, nós nos entregamos totalmente a vós" (IX, 26); "Ó meu Deus, nós nos damos a vós para cumprimento do desígnio que tendes sobre nós" (IX, 127); "Meu Senhor e meu Deus, Jesus Cristo meu Salvador, o mais amante de todos os homens..." (IX, 298). Estilo exclamativo, linguagem do coração! E sua ordem é sem apelação:

"A graça da vocação está ligada com a oração; e a graça da oração, com a do levantar-se. Se pois, somos fiéis a essa primeira ação, se nós nos encontramos unidos diante de nosso Senhor e nos apresentamos todos unidos diante dele, como faziam os primeiros cristãos, ele doar-se-á reciprocamente a nós, ele nos iluminará com suas luzes, e fará em nós e por nós o bem que temos obrigação de fazer em sua Igreja; enfim nos dará a graça de chegar ao grau de perfeição que ele deseja de nós, para podermos possuí-lo plenamente um dia na eternidade dos séculos" (III, 539).

Lá, nesse coração a coração diário com o Amor que habita em nós, aprendemos a fazer sua vontade. "É lá que ele toma posse inteira dos corações e das almas" (IX, 421).

Convém, sobretudo, passar para a ação, o que o século XVII chama de "resolução". É a parte principal da oração; trata-se de mudar de vida, seu comportamento, sua maneira de ser e de agir, de se converter. A oração deve visar a prática: "É preciso descer ao particular" (XI, 301 e II, 190), como sugere São Francisco de Sales, empenhar-se na eliminação de um defeito preciso ou na aquisição de uma virtude, detalhe por detalhe, elemento por elemento. Um pequeno passo cada dia, constatado e ajustado conforme o estado do paciente.

Importa, pois, recompor a vida. A oração é o motor da ação, o lugar privilegiado onde se verifica o andamento de sua existência quotidiana. E Vicente mostra de maneira eloquente por meio daquilo que a tradição vicentina chama "o método do juiz": "É necessário que eu vos diga a esse respeito que fiquei grandemente edificado com um 'juiz' que fez seu retiro conosco, há um ano mais ou menos. Falando de uma pequena revisão que fizera sobre seu regulamento de vida, disse-me que, pela graça de Deus, constatou não ter faltado mais que duas vezes em fazer sua oração. 'Mas, sabeis padre, como faço minha oração? Eu prevejo o que devo fazer durante o dia e daí decorrem meus propósitos: Eu irei ao palácio da justiça; tenho tal causa para defender; encontrarei talvez alguma pessoa recomendada por alguém de condição que pensará em corromper-me; com a graça de Deus ficarei bem alerta. Pode ser que alguém me faça um presente que muito me agradaria; oh! não aceitarei. Se não concordar com alguma proposição, explicarei o motivo delicada e cordialmente'".

Bem! Que vos parece, minhas filhas, esse modelo de oração?... Vós podeis fazer vossa oração dessa maneira, que é a melhor; pois não é preciso se preocupar para ter pensamentos elevados, êxtases e arrebatamentos, que são mais prejudiciais do que úteis, mas só para vos tornar perfeitas e verdadeiramente boas Filhas da Caridade. Vossas resoluções, portanto, devem ser assim: "Vou servir os pobres; preparar-me-ei para ir de maneira modestamente alegre, para os consolar e edificar; falar-lhes-ei como se fossem meus senhores..." (IX, 29-30).

O que fala mais? Os pensamentos elevados são suspeitos. Os propósitos feitos e cumpridos são o exemplo a ser seguido. São bem aceitos por Deus, Luz de nossos corações: "Meu Salvador Jesus Cristo, eu vos suplico de nos conceder abundantemente o dom da oração, a fim de que, conhecendo-vos, possamos adquirir vosso amor" (IX, 428).

Décimo primeiro dia

"DEIXAR DEUS POR CAUSA DE DEUS"

Há certas ocasiões nas quais não se pode seguir a ordem do dia; por exemplo, se alguém vier bater a vossa porta na hora da oração para que uma Filha se apresse em visitar um pobre enfermo, urgente, que fará ela? Fará bem indo e deixando sua oração, ou melhor continuando-a, porque Deus lhe está ordenando isso. Estais vendo, pois, que a caridade está acima de todas as regras, e é preciso que todos se atenham a ela. É uma grande Dama. É preciso fazer o que ela manda. Neste caso é deixar Deus por causa de Deus. Deus vos chama para fazer oração e ao mesmo tempo vos chama para esse pobre doente. Isso significa deixar Deus por causa de Deus (X, 595).

Esse ensinamento de S. Vicente não aparece isolado; nos textos em nosso poder, ele volta umas vinte vezes! Oh, certamente, ele se apressa muitas vezes em dizer que se deve, na medida do possível, chegar a tempo para um encontro espiritual ou uma missa programados, mas bate sempre na mesma tecla: priorizar em caso de necessidade o serviço aos pobres é *"deixar Deus por causa de Deus"*. Ele busca essa máxima junto aos mestres de valor como Tomás de Aquino, Teresa de Ávila na "quinta morada", Camilo de Lellis, cujo Hospital visitou, por ocasião de sua estadia de um ano em Roma, o pai de Bérulle... Ele sabe que está dentro da fidelidade ao Evangelho. E insiste nisso a tempo e a contratempo.

Primeiro, no que se refere à missa: "Se for do agrado de Deus que deis assistência a um doente num domingo, em vez de irdes à missa – embora seja de obrigação – oh! seria necessário fazê-lo. Chama-se a isto: 'Deixar Deus por causa de Deus'!" (X, 94-95), e ainda: "É necessário, sempre que possais, ouvir missa todos os dias; mas se o serviço da casa ou dos pobres requerer, não deveríeis fazer nenhuma dificuldade em omitir a missa" (IX, 42).

Depois, quanto à oração, ele repete: "Servir um enfermo, é fazer oração" (IX, 326); e uma outra vez: "Eis a hora da oração, mas se escutais os pobres que vos chamam, mortificai-vos e deixai Deus por causa de Deus, ainda que não dê para fazer o que poderíeis para não omitir vossa oração, pois é isso que vos manterá unidas a Deus; e enquanto esta união durar, não precisareis ter medo de nada" (X, 3).

Enfim, ele sobrepõe seu princípio a todas as regras: "O serviço dos pobres deve ser preferido a tudo" (IX, 215).

Eis, em resumo, um preceito constante, flexível e equilibrado. Compreende-se sua afirmação: "O dever da caridade está acima de todas as regras" (VI, 47), escreve à Irmã Charlotte Rouet, Superiora em Richelieu, dia 26 de julho de 1656, quando teve aborrecimentos de comunidade e de comunicação com seu diretor espiritual. Sair dela mesma (dedicando-se aos pobres) foi o corretivo pessoal a essas perturbações passageiras. Assistir os doentes é o antídoto para toda a dificuldade.

Aqui se estabelece uma hierarquia inesperada de valores. Em vez das referências clássicas, postas em primeiro lugar, Vicente traça outra prioridade, aquela do serviço aos pobres; não que seja exclusiva, mas prioritária. Isso obriga a uma verificação permanente, a uma atenção pessoal e comunitária. É certo que todo consagrado se dessedenta nas fontes interiores (na oração, na missa, na Regra), mas esse serviço aos pobres é o ponto focal de todas as energias. "A caridade é a rainha das virtudes, é preciso deixar tudo por ela" (VII, 457).

Pois esses dois amores fundem-se num só. São Vicente interiorizou bem Mateus: "'Amarás teu Deus com todo o teu coração, com toda a tua alma e com toda a tua mente', eis o maior dos mandamentos. O segundo é semelhante a esse: 'Amarás teu próximo como a ti mesmo'" (22,37-39).

E tem uma comparação, pequena e magnífica, para exprimir esse amor: "Um pai que tem um filho, já homem feito e de boa aparência, se compraz em olhar pela janela que dá para a rua o bonito caminhar do filho, e sente uma alegria inimaginável. Do mesmo modo Deus, minhas filhas, vos vê, não por uma janela, mas por toda a parte, onde quer que estejais, e observa de que maneira ireis servir seus pobres membros; sente uma alegria indizível se vê que ides de bom grado e pelo único desejo de prestar-lhe serviço. Ah! Esse é seu grande prazer, essa é sua alegria, essas são suas delícias. Que felicidade, minhas queridas filhas, poder dar alegria ao nosso Criador!" (IX, 471).

Deus é servido em seu próximo. Melhor dizendo, no Cristo. "Isto é tão verdade como a de estarmos aqui" (IX, 252), diz nosso santo, como para concretizar com essa comparação a realidade absoluta dessa adequação, da qual já falamos. A relação com Cristo se dá no contato com o pobre do campo, quer ele o saiba ou não. "Toda a nossa vida está na ação", repete São Vicente, mas numa ação endereçada para Cristo, por meio do pobre. Jesus é esse Deus do pobre. Como diz Alain Durand, OP, presidente da comissão dominicana Justiça e Paz, "a presença de Cristo confere a nosso comportamento com os pobres, um poder radical de decisão: nossos atos e nossa omissão tornam-se capazes de decidir pela nossa vida ou pela nossa morte"[10]. Eis por que existe continuidade entre o Deus procurado na oração e os pobres encontrados no caminho. É sempre o Deus de Jesus Cristo que mostra uma predileção declarada pelos pobres, tal é o sentimento de justiça de que está possuído. Ele quer muito mais a salvação dos pequenos que são os deixados por própria conta, do que uma salvação endereçada a todos. Se ele deseja que todos os homens sejam salvos, com maior razão, mostra um amor preferencial por aqueles que se encontram numa situação excepcional de desigualdade.

Amigo leitor, tendo chegado até o ponto em que te conduziu Pe. Vicente, pensa em tua vida e no peso de teus anos: o que fizeste até hoje? O único critério universal que vai pesar a tua alma está aí, inteirinho, neste trecho evangélico que fala por si: "é a mim que fizeste". Tu podes e deves dar tempo ao teu Deus na prece, mas deves passar outro tanto ou até mais fazendo-lhe justiça. E não sejas daqueles que não querem mais ouvir falar – pela Igreja que tu amas – da "opção prioritária ou preferencial pelos pobres". Ouve o grito de teu amigo Vicente: "Os pobres! Eis a vossa tarefa principal, pela qual deveis deixar tudo!" (X, 203).

Décimo segundo dia

O ACONTECIMENTO: LUGAR DE INSPIRAÇÃO E AÇÃO

Nós, missionários da Berbéria e os que estão em Madagascar, o que terão empreendido? O que já executaram? O que já fizeram? O que já sofreram? Um só homem trabalha numa galé onde às vezes há duzentos condenados a trabalhos forçados: instruções, confissões gerais aos sadios, aos doentes, de dia e de noite, durante quinze dias; e ao fim desse tempo, ele trata deles, vai pessoalmente comprar uma rês, manda preparar; é um banquete para eles; um homem só faz isso! Dali a pouco vai para as fazendas onde ficam os escravos, e procura os patrões para pedir-lhes que lhe permitam trabalhar na instrução de seus pobres escravos; toma seu tempo e os faz conhecer a Deus, torna-os capazes de participar dos sacramentos, e no fim os trata e lhes faz um pequeno regalo... Esses missionários pregam, confessam, catequizam continuamente desde as 4 horas da madrugada até as 10; e desde as 2 horas da tarde até a noite; o restante do tempo é o Ofício, a visita aos doentes. Veja os obreiros, veja os verdadeiros missionários!... Se não podemos nada por nós mesmos, tudo podemos com Deus. Sim, a Missão pode tudo, porque temos em nós o gérmen da onipotência de Jesus Cristo (XI, 203-204).

Há uma evidência no Pe. Vicente: é bem aquela: Deus nos fala. E nos fala pela sua palavra e pelos acontecimentos. Ele nos revela sempre algo revigorante e simbólico para aqueles que querem realmente receber sua mensagem. Hoje mesmo, seguindo seus passos, somos convidados a viver como observadores da vida quotidiana para ler "os sinais dos tempos". Referência evangélica e conciliar que nos coloca em estado de alerta.

São Vicente construiu seu itinerário espiritual e seu pensamento profundo em cima dos acontecimentos. Eles balizaram sua vida – como a vida de sua Congregação – na qual acabamos de ver a maneira de passar do ardor de alguns missionários ao entusiasmo coletivo.

Em 1608 ainda o reencontramos na sua chegada a Paris. Falsamente acusado de roubo, faz a experiência da injustiça: o acontecimento o aperfeiçoa. Quando se torna cura de Clichy, em 1611, esse acontecimento desperta nele a fibra pastoral. Quando, por volta de 1613, fica conhecendo a noite escura, o acontecido o reconstrui. Quando, em 1617, acorre para junto da cabeceira de um moribundo, a fim de recolher suas últimas confissões, o acontecimento o sacode em suas opções pastorais; o mesmo acontece em Chatillon.

Fixemos ainda sobre ele nossos olhos, surpreendendo-o em pleno ato de arrecadar donativos dos Gondi para erguer sua nova Congregação: o acontecimento fortalece-o em seu empreendimento; conversa por acaso, numa charrete, com o bispo de Beauvais, Dom Pottier, e esta é a primeira resposta aos candidatos a caminho da ordenação: o acontecimento tira-o, já então, dos caminhos batidos. Encontra uma jovem aristocrata, Luísa de Marillac, saída há pouco de suas dúvidas e que procura equilibrar-se: acontecimento importante para o futuro das Filhas da Caridade. Quando um dia Margarida Naseau se apresenta para servir os pobres, "movida por uma forte inspiração do céu" (IX, 77), o acontecimento é fulgurante; abre o caminho para as primeiras Filhas da Caridade: "É Deus que fez tudo isso", repete ele. A mesma coisa acontece nos inícios da obra das crianças enjeitadas: "Oh! Como sois obrigadas a Deus de vos ter dado a inspiração e o meio de prover a estas grandes necessidades" (XIII, 805). Poder-se-ia ainda comentar as outras obras de São Vicente, os mendigos, os prisioneiros, os galeotes, os escravos, os refugiados, os enfermos, os alienados, os órfãos, os alagados, os exilados. Esse homem é uma sentinela, e tudo o surpreende em estado de vigília.

Mas ele não é pragmático e concreto, simplesmente por causa de suas origens gasconas e aldeãs. Vive intensamente no plano interior e suas experiências espirituais levam-no a considerar o acontecimento como portador de mensagem e, sobretudo, como presença ativa de Jesus Cristo. Ele mesmo decodifica este ou aquele acontecimento. Para os dois maiores, a fundação da Congregação e das Filhas da Caridade, ele afirma: "Foi Deus e não eu..." (IX, 208 e XII, 9); e nós o vemos extasiar-se diante das maravilhas de Deus: "Meus irmãos, quem pensou, nesse caso, que Deus tinha o desígnio de fazer, através da Companhia da Missão, o bem que, pela sua graça, vemos que ele fez?... Quem sabia de quem Ele quis servir-se para ir buscar lá nas fazendas, no fundo da Berbéria[11], estes pobres escravos cristãos para retirá-los, se não de um inferno, ao menos de um purgatório? E quem sabia que ele quis servir-se (de nós) em tantos outros lugares ainda, como vimos que está fazendo?" (XI, 171). Deus está no meio da obra, e isto basta!

Assim vê-se bem aparecerem as duas consequências: o acontecimento é, ao mesmo tempo, lugar onde emerge a revelação divina e lugar da ação humana; Deus está sempre agindo lá, animando tanto o homem como os que estão a seu encargo: "Vicente interpretava, escreve João Morin, tão bem o acontecimento quanto o Evangelho; e o acontecimento explicava e alimentava sua Fé tanto quanto o Evangelho[12]. No livro "Saint Vincent de Paul sous l'emprise chrétienne[13], Luís Deplanque anotava pessoalmente: "Deus age constantemente. Está presente nos milhares rodeios das circunstâncias, com as quais Vicente está às voltas. Está presente também na fluidez da vida, e adapta sua ação as suas leis" (p. 65).

Por si mesmo, Vicente atribui uma importância maior ou menor ao que acontece. Onde outros não enxergam nada, ele vê a mão de Deus, e tira todas as consequências. Assim foi na perda do processo da fazenda de Orsigny. Aquilo representava um capital de grande importância para os pobres. Após a morte dos doadores, os herdeiros tentaram um processo e obtiveram ganho de causa. No calor do acontecimento Vicente reage assim diante dos seus, reunidos em assembleia: "Vós mesmo,

Senhor, pronunciastes a sentença; será, se vos agradar, irrevogável; e para não diferir a execução, fazemos, desde já, uma renúncia desses bens em favor de vossa divina Majestade" (XII, 54). E mais na frente: "Oh! Se aprouvesse a Deus que esta perda temporal fosse compensada por um aumento da confiança em sua Providência, de abandono a sua conduta, de um maior desprendimento das coisas da terra, e de renúncia a nós mesmos, ó meu Deus!..." (XII, 56).

Esse apelo à Providência é habitual em São Vicente. Ele sabe que é bom viver conforme seu ritmo, de caminhar no "seu passo", de parecer andar devagar, de "não titubear", de viver disponível e confiante. O resto não passa de fogo de palha.

Décimo terceiro dia

PADRE A SERVIÇO DE TODO PADRE

O caráter sacramental dos sacerdotes é uma participação do sacerdócio do Filho de Deus, que lhes deu o poder de sacrificar seu próprio Corpo e dá-lo em alimento, a fim de que os que dele comerem, vivam eternamente. Esse é um caráter todo divino e incomparável, um poder sobre o Corpo de Jesus Cristo que os anjos admiram; e um poder de perdoar os pecados (dos homens), que é para eles um grande motivo de espanto e reconhecimento. Existe algo maior e mais admirável? Oh! Meus senhores, um bom padre é uma grande dádiva! O que não pode fazer um bom eclesiástico! Que de conversões não pode conseguir!... Dos padres depende a felicidade do Cristianismo... (XI, 7).

Essa passagem é célebre na literatura vicentina. Ela nos introduz com os dois pés naquilo que foi o melhor de São Vicente de

Paulo: Ele é padre de Jesus Cristo e plenamente padre para os pobres, é claro. Sua caminhada sacerdotal é um pouquinho caótica, mas sempre crescendo, se concordamos que ele foi aderindo, passo a passo, à excelência da vocação sacerdotal, tal como se podia conceber no século XVII, no momento mesmo em que despertava o espírito do Concílio de Trento.

Sua vocação lhe foi proposta. De temperamento ativo e apaixonado, Vicente levanta o desafio; pelo menos é "convocado"! A partir de 1613, pode-se dizer que é um bom padre e um pastor zeloso. Interiorizou e personalizou sua vocação, tornou-se homem de oração, leitor assíduo de autores espirituais, excelente pregador, catequista eminente e rodeado de padres e leigos fervorosos. Passou da proposta para o projeto sacerdotal, da veleidade para uma vontade firme e tenaz; ele pode rezar: "Ó Senhor, dai-nos este espírito de vosso sacerdócio que tinham os apóstolos e os primeiros padres que o seguiram; dai-nos o verdadeiro espírito do sagrado caráter que infundistes em pobres pecadores, em artesãos, nos pobres daquele tempo, aos quais, por vossa graça, comunicastes este grande e divino Espírito; pois, Senhor, nós também não somos mais do que gente fraca, pobres trabalhadores e aldeões; e que proporção existe entre nós, míseras criaturas, e um desempenho tão santo, tão eminente e tão celeste!" (XI, 308).

O ano de 1617 só pode encontrá-lo bem preparado espiritualmente para a missão. Ele sabe que deve tudo à graça de Deus, pois suas confidências o traem. A propósito de um parente que aspirava ao sacerdócio, ele escreve a seu compatriota, o cônego San Martin: "Por mim, se eu tivesse sabido, quando tive a temeridade de ingressar no estado eclesiástico, como fiquei sabendo depois, teria preferido cultivar a terra do que engajar-me num estado tão temível" (V, 568).

Essas linhas testemunham sua viva consciência da grandeza do sacerdócio. Se ele se humilha, é para exaltar mais a excelência do sacerdote. E nisso ele respira o ar de seu tempo. Em Paris, frequenta os pioneiros da Escola Francesa de Espiritualidade, todos agrupados em torno de Bérulle que vê o padre como "um outro Cristo".

Tem, portanto, em grande estima, o sacramento da Ordem: "Não há nada maior que um padre, a quem Cristo dá todo o poder sobre seu corpo físico e seu corpo místico, o poder de perdoar os pecados etc." (XII, 85). O padre anima todo o Corpo Místico, ele o instrui; é ponto de união, de reconciliação e reza com os seus. O caminho por excelência da santidade é a configuração com Cristo Sacerdote. Todos, padres e leigos, são chamados. Mas os padres, de maneira específica, exercitando-se como Cristo, em duas grandes virtudes: "o devotamento a seu Pai e a caridade com os homens" (VI, 393). Adoração e missão, dois temas berulianos por excelência. Esse padre, segundo Vicente, irá celebrar com grande respeito: "Não é muito que celebremos a missa; devemos também oferecer esse sacrifício com a maior devoção possível, segundo a vontade de Deus, conformando-nos quanto está em nós, com sua graça, a Jesus Cristo; que se ofereceu a si mesmo quando estava sobre a terra, em sacrifício ao seu Pai eterno" (XI, 93). O padre edifica sobretudo o Corpo Místico de Cristo pelo seu trabalho pastoral, tomando sobre si o fardo dos sofrimentos do povo: "Essa pobre gente nos dá o que tem em troca; enquanto eles trabalham, enquanto lutam contra a miséria, nós somos os Moisés, que devemos elevar continuamente as mãos ao céu por eles" (XI, 202).

Vicente não separa a espiritualidade do padre da espiritualidade do batizado; gosta de repetir que sua Companhia se compõe de "eclesiásticos e de leigos" que seguem o caminho comum dos cristãos, visto que seus membros são "da religião de São Pedro". Não dissocia uma espiritualidade que seria propriamente sacerdotal, de uma espiritualidade pastoral, missionária. O ser irmão, para ele, restaura a dignidade batismal e embeleza toda a sua Congregação nesse sentido. Dito isso, São Vicente conserva uma espiritualidade sacerdotal, orientando-a para aqueles que seus confrades devem formar, os ordinandos e os conferencistas das Terças-Feiras. Ele os quer formadores.

Como é grande o serviço da formação de padres! Para novas necessidades, homens novos. A urgente necessidade dos seminários se impôs para se ter uma espiritualidade sacerdotal irradiante. Desde 1631 ele se ocupa dos ordinandos, e em 1641 ele abre o primeiro Seminário em Annecy. Doravante, formar bons padres torna-se sua grande preocupação: "Vós não tereis mais falta de eclesiásticos se assumis o esforço de os educar no verdadeiro espírito de sua condição, que consiste particularmente na vida interior e na prática da oração e das virtudes... o principal é formá-los na sólida piedade e devoção... Devemos ser as bacias cheias para derramar nossas águas sem nos esgotar, e devemos possuir esse espírito do qual queremos que estejam animados; pois ninguém pode dar o que não tem" (IV, 597).

No fundo, disso depende a salvação de todos, e sobretudo dos deixados de lado pela

Igreja. O estilo próprio da formação vicentina é principalmente a atenção decidida com os pobres: "Eis a necessidade que a Igreja tem de bons padres, que reparem tanta ignorância e tantos vícios de que a terra está coberta, que tirem essa pobre Igreja de seu estado lastimoso, pelo qual as boas almas devem chorar lágrimas de sangue" (XII, 85).

Essa consideração coincide com a caminhada espiritual de Vicente; ele abraça sua ação e marca sua personalidade até nos obrigar em consciência: "Os pobres não são os membros aflitos de nosso Senhor? Não são nossos irmãos? E se os padres os abandonarem, quem quereis que os assista?" (XII, 87).

Décimo quarto dia

VIRTUDES BÁSICAS

Eis, meus irmãos, as três máximas evangélicas mais condizentes com nosso estado: a primeira é a **simplicidade**, que diz respeito a Deus; a segunda, a **humildade**, que diz respeito a nossa submissão; é por ela que somos um holocausto para Deus, a quem devemos todos honrar, e na presença do qual devemos nos aniquilar e fazer de tal sorte que ele tome posse de nós; a terceira é a **doçura**, para suportar nosso próximo em seus defeitos. A primeira diz respeito a Deus; a segunda, a nós mesmos; a terceira, a nosso próximo. Mas o meio de atingir essas virtudes é a **mortificação**, que suprime tudo o que pode impedir-nos de adquiri-las... O **zelo** é a quinta máxima, que consiste num puro desejo de fazer-se agradável a Deus e útil ao próximo. Zelo para estender o reino de Deus, zelo para procurar a salvação do próximo (XII, 306-307).

Ei-las, apontadas com o dedo por São Vicente, cinco virtudes que ele gosta de chamar "fundamentais" e que poderíamos denominar hoje virtudes básicas: a simplicidade, a humildade, a doçura, a mortificação e o zelo. São as virtudes próprias dos missionários; quando fala delas, ele as apresenta como "as faculdades da alma de toda a Congregação" (XII, 298), e, com seu humor inegável de sempre, as compara com as "cinco pedras da funda de Davi"! Assim armado, o missionário pode lutar contra "a prudência humana, a vontade de aparecer aos olhos dos homens, o desejo de fazer que cada um se submeta sempre a nosso julgamento e a nossa vontade, a procura da nossa própria satisfação em todas as coisas, a insensibilidade pela glória de Deus e a salvação do próximo"[14].

Igualmente, as Filhas da Caridade têm *"três pérolas preciosas"*: a simplicidade, a humildade e a caridade.

O apelo à virtude sob todas as suas formas espirituais é de inspiração tomista. Além disso, Vicente leu a "Prática da perfeição cristã", do jesuíta Afonso Rodrigues, muito aceito no movimento de renovação da vida consagrada. Dá valor ao tratado das virtudes.

Entretanto, ele não se prende a uma virtude estática e desencarnada, próxima das considerações dos antigos filósofos. Ele abre o Evangelho e gosta de contemplar que Deus, o inspirador do homem virtuoso, quer o Cristo humilde, doce, simples, caridoso, mortificado e zeloso. Eis o segredo de sua força, e que nos diz respeito hoje: olhar para Deus, olhar para Cristo, esse é o caminho dos que são chamados a viver o dom total.

Deus é o autor de todos os dons. É ele quem orienta para o bem e inspira ao homem um comportamento digno Dele.

O exemplo a seguir é o Cristo. Vicente salienta que Jesus viveu conforme o Coração de Deus, digamos, de maneira virtuosa: "Assim ele apareceu aos olhos do céu e da terra; todos aqueles que tiveram a felicidade de conversar com ele durante sua vida mortal, viram que ele observou sempre as máximas evangélicas. Este foi seu objetivo, sua glória e sua honra..." (XII, 299). Todo o nosso intuito é seguir Jesus Cristo, "e nos conformar inteiramente a Ele".

A simplicidade? Olhemos para Deus: "Deus é um ser simples, que não recebe nenhum outro ser; uma essência soberana e infinita que não admite nenhuma agregação com ela; é um ser puro, que jamais sofre alteração. Ora, esta virtude do Criador se encontra em algumas criaturas por participação..." (XII, 172). Ele acrescenta: "Caminhar direito para Deus" (IV, 486).

A humildade? A humildade visada aqui é cristológica. O olhar descobre o Cristo pequeno, modesto, desprezado que não receia doar-se como exemplo, e Vicente se maravilha: "Não há outro senão nosso Senhor que disse e podia dizer: 'Aprendei de mim que sou manso e humilde de coração' (Mt 11,29). Oh! Que palavras! Aprendei de mim, não de outro, não de algum homem, mas de um Deus; aprendei de mim..." (XII, 196). A humildade assim copiada da humildade de Cristo situa-nos na verdade de nosso ser. Nós somos verazes apenas com relação àquele que é todo verdade: "Nós nos aniquilamos e constituímos Deus como Ser soberano" (XII, 305).

Por que escolher a doçura? O Cristo a vivia: "Todos estudarão a lição que Jesus Cristo nos ensinou dizendo: 'Aprendei de mim que sou manso...', considerando que, como ele mesmo assegura, possuímos a terra pela doçura, porque, agindo nesse espírito, ganha-se os corações dos homens, para os converter para Deus..."[15].

Viver a mortificação? Cristo carregou sua cruz. Não existe outro caminho senão aquele: "Devemos cortar constantemente com a faca da mortificação os frutos maus da natureza estragada, que nunca se cansa de fazer crescer os ramos de sua corrupção, para que não impeçam Jesus Cristo – comparado ao tronco da videira, e nós os ramos – de nos fazer frutificar abundantemente pela prática das santas virtudes" (XII, 225).

E que alegria estar cheio de zelo?

Como diria Vicente, olhemos "o beneplácito de Deus", o exemplo de Jesus Cristo: "É preciso que sejamos totalmente de Deus e a serviço do povo, é preciso que nos doemos a Deus para isso, consumir-nos para isso, dar nossas vidas para isso" (XI, 402). O trabalho apostólico é aquele de um colaborador de Cristo pela restauração de uma criação decaída, e não existe outra ambição, senão restaurar tudo nele.

Enfim, como viver a caridade? Não há outro jeito do que olhar para o Filho de Deus, "para o coração da caridade", e dizer depois de (meditar) tal exemplo de abnegação e amor às criaturas: "a caridade não pode ficar ociosa, ela nos incita à salvação e à consolação dos outros" (XII, 265).

Eis as virtudes-faróis para os vicentinos. Mas por que para eles, antes que para os outros? Porque que elas têm um colorido "profissional". São as mais adaptadas aos missionários e às Irmãs. E Vicente tem razão para concluir num sorriso: "Firmemo-nos nessas cinco virtudes, como o caracol em sua concha... com elas iremos por toda a parte, chegaremos à meta de tudo; sem elas, não seremos mais que caricaturas de missionários.

Décimo quinto dia

JUNTOS PARA SERVIR E EVANGELIZAR

Vós deveis pensar muitas vezes que vossa tarefa principal, e que Deus vos pede particularmente, é a de ter um grande cuidado em servir os pobres, que são nossos senhores. Oh! Sim, minhas Irmãs, são nossos mestres. É porque deveis tratá-los com doçura e cordialidade, pensando que **é para isso que Deus vos colocou e reuniu em comunidade**, é para isso que Deus fez a vossa Companhia (IX, 119).

Trabalhar junto é o objetivo de Vicente de Paulo. Ele não concebe as coisas de outro jeito. Desde a fundação da primeira Confraria da Caridade em Chatillon, ele constitui o que se chamaria hoje uma equipe. Ante a fila que se abalou para "as Maladieres", lugar assim chamado da cidade onde sofre uma família inteira, ele reparou na multidão de voluntários, mas que intervém de modo desordenado, no desperdício, que gera logo a falta. Como remediar? "Não se poderia reunir essas boas senhoras e exortá-las a se doar a Deus para servir os pobres doentes?" (IX, 209).

A partir daí, o reflexo da organização se desencadeia progressivamente; cada nova "Caridade" vai-se revelando muitas vezes uma obra-prima de formação. A estrutura humana está montada: o reitor, a priora, a primeira assistente, a segunda assistente, as serventes... Nota-se uma prática que toca prioritariamente as pessoas empenhadas; a execução do regulamento caminha por si: atendimento das pessoas, ordem do dia, caridade com os doentes, visita aos prisioneiros, socorros espirituais, enterro dos pobres. Quando essas Confrarias se instalam em Paris, sensibilizam as grandes damas da nobreza, que devem curvar-se diante do mesmo rigor, mau grado questões de precedência. A experiência demonstra que uma eficácia maior decorre de um trabalho feito em conjunto e de maneira metódica. Assim ele respondeu a um pressentimento inicial: "... Porque é de se temer que, tendo começado essa boa obra, ela vá definhando com o tempo se, para mantê-la, não houver uma união e ligação conjunta, uma disposição para se unir num corpo que possa ser erigido numa confraria" (XIII, 423).

Constatação fundamental, que vai repetir-se em todas as instituições vicentinas. A amplitude e a urgência dos desafios, que S. Vicente percebe, orientam-no sempre para respostas de tipo comunitário.

Assim os padres e Irmãos da Congregação da Missão. Dia 4 de setembro de 1626, quatro confrades se reúnem e formam a primeira comunidade. A ata oficial estipula que se trata de "um grupo de eclesiásticos que se ligam e se unem para se ocupar, à maneira de missão, em catequizar, pregar e fazer confissão geral do povo pobre da zona rural" (XIII, 204). Unimo-nos para pregar Missão.

Igualmente, as Filhas da Caridade se organizam em vista do serviço; e é interessante ver que se tornam, de fato, uma realidade comunitária.

Vicente quer comunidades para a evangelização e para o serviço. Houve questionamentos em torno dessa finalidade. Uma releitura atenta de Vicente de Paulo mostrou muito bem que a comunidade é o meio privilegiado para uma missão eficaz. Esse passo implica um sério exame de consciência. Quando surgissem tensões, dificuldades e conflitos, o primeiro reflexo seria perguntar-se como todas as pessoas da comunidade se situam com respeito aos pobres! O projeto apostólico deve organizar a comunidade em função do trabalho solicitado e não o inverso. Quem não vê a pertinência de uma orientação igual para toda a Igreja? Cristãos não se reúnem pelo simples prazer de estar juntos, mas para uma missão recebida de um Superior. Essa perspectiva engendra uma nova maneira de conceber a comunidade, que pode dinamizá-la, dar-lhe mais alento e vitalidade apostólica.

Pois toda missão legítima vem de Deus. Esse é o segundo elemento levado em conta por São Vicente. Ele tem a consciência de que Deus é o princípio mesmo da comunidade: todo mandato da caridade vem dele.

Ora, a comunidade vicentina veicula outra dimensão colocada muitas vezes em evidência por Vicente: é uma realidade de fé concebida segundo a imagem da Trindade. E isso vale para os missionários e para as freiras. Por exemplo, ele indica: "Como Deus não é senão um só, e como em Deus há três pessoas, sem que o Pai seja maior que o Filho, nem o Filho maior que o Espírito Santo, é preciso igualmente que as Filhas da Caridade, que devem ser a imagem da Ssma. Trindade, ainda que sejam várias, sejam todavia um só coração e um só espírito" (XIII, 633).

Eis aberta a porta da fraternidade. Como não querer relacionar-se com o outro? Vicente se entusiasma criando até um novo termo para exprimir isso: a "mutualidade". Escutemo-lo: "Ó meu Deus!... É preciso uma grande comunicação uma com a outra, um intercâmbio constante de ideias. Não há nada mais necessário... É preciso que não aconteça nada, que não se faça nada, que não se diga nada sem que fiqueis sabendo entre vós. É necessário ter essa mutualidade" (XIII, 641-642).

A mutualidade é o fruto da união. Além do simples espírito de equipe, cada membro da comunidade está unido, em Deus, a seus irmãos; e se realiza como uma fusão à maneira da Trindade, conferindo plenitude de sentido ao carisma vicentino: "Vivei juntos como se não houvesse senão um só corpo e uma só alma – escreve Vicente a uma Irmã servente – a fim de que, por essa união de espírito, sejais uma imagem autêntica da unidade de Deus, como vosso nome que representa as três pessoas da Ssma. Trindade. Eu peço ao Espírito Santo, que é a união do Pai e do Filho, para que essa união seja igualmente a vossa, que ele vos dê uma paz profunda..." (IV, 235-236).

Terminando esta meditação e este livro de retiro a domicílio, como é bom ouvir o Pe. Vicente pronunciar sobre nós estas palavras simples e profundas, que nos convidam à plenitude da caridade para nosso bem e dos pobres: "O Salvador de nossas almas que, por causa do vosso amor, quisestes morrer por nós; que deixastes, de algum modo, a vossa glória para no-la dar e, por esse meio, nos divinizar, tornando-nos semelhantes a vós, enquanto isto é possível; imprimi em nossos corações a caridade, para que possamos um dia ir juntar-nos a essa bela Companhia da Caridade que está no céu... Fazei, pois, ó' Senhor, que sejamos totalmente repletos de amor por vós, pelo próximo e por nós mesmos... (X, 474-475).

PARA IR MAIS LONGE
(Bibliografia)

Obras completas

COSTE PIERRE, Lazarista: *Saint Vincent de Paul, correspondence, entretiens, documents,* 14 volumes, Paris, Lecoffre e Gabalda, 1920-1925.

ABELLY LOUIS, *La vie du vénérable serviteur de Dieu, Vincent de Paul,* Paris, F. Lambert, 1664.

COLLET PIERRE, *La vie de saint Vincent de Paul,* Nancy, 1748.

DODIN ANDRÉ, *Entretiens spirituels,* Seuil, 1949.

Collectif, *Cahiers vincentiens*, Estudos temáticos de 1972 até nossos dias, 77 cadernos publicados, Animação vicentina, 16, av. S. Miguel – 31400 Tolosa.

Estudos e biografias

COLLECTIF, *Monsieur Vincent, témoin de l'Evangile em son temps e pour aujourd'hui,* Animation vicentienne, 16, av. S. Miguel – 31400 Tolosa 1990.

COSTE PIERRE, *Le Grand saint du grand siècle, Monsieur Vincent*, 3 volumes, Desclée de Brouwer, 1931.

DODIN ANDRÉ, *Saint Vincent de Paul e la charité,* coleção "Maitres spirituels", Seuil, 1960 e numerosas edições.

MALONEY ROBERT P., *Um chemin vers lês pauvres. Spiritualité de Vincent de Paul,* Paris, Desclée de Brouwer, 1994.

MEZZADRI LUIGI, *Vincent de Paul,* Desclée de Brouwer, 1985.

MEZZADRI LUIGI, *Petite vie de Vincent de Paul,* Desclée de Brouwer, 1989.

MEZZADRI LUIGI, Roman José-Maria, *Histoire de la Congrégation de la Mission,* tomo I: Da fundação até o fim do século XVII, Desclée de Brouwer.

Micquel Pierre, *Vincent de Paul,* Fayard, 1996.

Pujo Bernard, *Vincent de Paul, le précurseur,* Albin Michel, 1998.

Toscani Giuseppe, *La Mystique des pauvres, de charisme de la charité,* Sain Paul, 1998.

NOTAS

[1] N.T.: **"Gascão, gascã"** = Aquele(a) que nasceu na região da Gasconha. [Pl.: **"gascões"**].

[2] N.T.: **"Galera"** = Embarcação movida a remo pelos condenados a trabalhos forçados. / "Galeota" = Remador de galera ou galé.

[3] *Populorum Progressio*, 14 e 15.

[4] N.T.: Na expressão brasileira: "querer sombra e água fresca".

[5] *Exercícios Espirituais*, 23,7.

[6] *Escritos de Santa Luísa*, p. 539.

[7] Id., p. 118.

[8] N.T.: O autor se refere à literatura mal-entendida ou palavrório vazio de sentido.

[9] Sermão sobre a "eminente dignidade dos pobres".

[10] *A causa dos pobres*, p. 62.

[11] África do Norte.

[12] *Carnê Vicentien*, n. 3, p. 14.

[13] N.T.: Tradução do título do livro citado: *São Vicente de Paulo sob a influência cristã*.

[14] *Règles communes des Missionaires*, cap. II, art. 15.

[15] *Règles communes* II, par. 6.

ÍNDICE

Siglas utilizadas 7
Olhares furtivos sobre uma vida 9
Itinerário... 19

1. Um batismo levado a sério................... 25
2. Uma fé renovada 32
3. Enraizados em Deus............................. 39
4. Todo entregue a deus e aos pobres....... 45
5. A paixão do reino 52
6. Seguindo Cristo, evangelizador
   dos pobres.. 59
7. Com Cristo, servidor dos pobres.......... 65
8. Os pobres, nossos senhores
   e nossos mestres 72
9. A Igreja, cidade dos pobres 79
10. A oração, alma da ação....................... 86

11. "Deixar Deus por causa de Deus" 93
12. O acontecimento: lugar de
    inspiração e ação 100
13. Padre a serviço de todo padre 107
14. Virtudes básicas 114
15. Juntos para servir e evangelizar 121

Para ir mais longe (Bibliografia) 128

Este livro foi composto com a família tipográfica Times New Roman
e impresso em papel Offset 75g/m² pela **Gráfica Santuário.**